ICT营销技巧与实战

汤昕怡　吕　艳　主编

北京理工大学出版社
BEIJING INSTITUTE OF TECHNOLOGY PRESS

内 容 简 介

本书以信息通信技术 ICT（Information Communication Technology）产业为背景，以职业岗位工作任务为导向，以培养学习者应具备的专业知识、技能、工具及解决问题的能力为目标，深度融入课程思政，突出工匠精神、最终形成"初识 ICT 营销""夯实 ICT 营销基石–营销素养""挖掘客户需求""ICT 营销技巧实战–客户拜访"和"ICT 营销板上钉钉–签约谈判"五大内容模块。全书的项目内容主要包括分类 ICT 项目、制定营销策略、设计调查问卷、开展营销素养拓展训练、SPIN 销售技巧实战、轻松搞定客户拜访实战、产品解决方案呈现实战、轻松搞定商务谈判实战等。

本书可作为高职高专院校通信技术和电信服务类专业相关课程的教材，也可作为相关专业选修课教材和业余爱好者的自学用书，可为读者了解 ICT 行业最新进展和动态、熟悉营销理论和实践提供学习资料和素材。

图书在版编目（CIP）数据

ICT 营销技巧与实战 / 汤昕怡，吕艳主编 . --北京：
北京理工大学出版社，2022.9
　　ISBN 978-7-5763-1708-4

　　Ⅰ. ①I…　Ⅱ. ①汤… ②吕…　Ⅲ. ①信息产业–市场
营销学②通信工业–市场营销学　Ⅳ. ①F490.5

　　中国版本图书馆 CIP 数据核字（2022）第 168373 号

出版发行 / 北京理工大学出版社有限责任公司
社　　址 / 北京市海淀区中关村南大街 5 号
邮　　编 / 100081
电　　话 / （010）68914775（总编室）
　　　　　（010）82562903（教材售后服务热线）
　　　　　（010）68944723（其他图书服务热线）
网　　址 / http：//www.bitpress.com.cn
经　　销 / 全国各地新华书店
印　　刷 / 三河市天利华印刷装订有限公司
开　　本 / 787 毫米×1092 毫米　1/16
印　　张 / 12.25　　　　　　　　　　　　　　　　责任编辑 / 朱　婧
字　　数 / 280 千字　　　　　　　　　　　　　　　文案编辑 / 朱　婧
版　　次 / 2022 年 9 月第 1 版　2022 年 9 月第 1 次印刷　　责任校对 / 周瑞红
定　　价 / 55.00 元　　　　　　　　　　　　　　　责任印制 / 施胜娟

前言

本教材是国家通信技术专业教学资源库核心课程的配套一体化教材。本课程是学院紧贴企业人才实际需要，通过与电信、中邮通等行业企业深度合作，探索"校企融合"教学模式打造而成。本课程为HICTT（营销技能工程师）认证课程，实现了课证融合。

教材内容的开发从ICT行业人才需求出发，聘请企业教授共同探讨，以工作任务为导向，厘清学习者应具备的专业知识、技能、专业工具及解决问题的能力，基于教学目标这一条主线，确定教材内容及组织架构，最终形成五大模块，模块一：初识ICT营销；模块二：夯实ICT营销基石-营销素养；模块三：挖掘客户需求；模块四：ICT营销实战-客户拜访；模块五：ICT营销板上钉钉-签约谈判。每个模块设计项目任务，每个项目分解为若干子任务，每个子任务通过系列知识点串联，进行任务设计训练，与工作岗位无缝对接。

本教材的改革同时适应信息化课堂教学改革需要，在现有国家级通信技术专业教学资源库课程资源基础上进行优化和更新，建成新形态一体化教材。在每一个项目中，围绕"知识点/技能点"，加入新媒体元素，开发相关碎片化教学资源，包括微课、仿真动画等，图文等。

教材中加入思政内容，融入时代元素，创新和完善"三全"育人体系架构，强化学生工程伦理教育，培养学生精益求精的大国工匠精神，激发学生科技报国的家国情怀和使命担当。

本教材的主要特色与创新如下：

（1）资源数字化、教材一体化。本教材以二维码的形式为教材配备互动在线资源，有利于提高学生学习兴趣，提高教学效果。

（2）对接职业标准和岗位能力要求，教材内容"职业化"。本教材基于学习目标来组织课程内容。围绕一条主线去组织课程学习内容，那就是学生学习目标。在满足学生需求目标的基础上，进行一些知识点或者案例的拓展来开拓学生的眼界。在技能培养的同时让学习者体验真实项目任务的工作流程，对接实际工作岗位及职业标准要求。

（3）充分考虑到教材的时代性和实用性，案例选材丰富多彩。教材的建设与开发也获得信息化行业内比如华晟经世信息技术有限公司等公司的大力支持，提供丰富的实践案例，同时组织ICT营销技能高校联赛，以赛代练，以赛代学，通过高校间技艺的切磋，相互交流，相互学习，培养具有丰富实战经验的学生。

（4）多种功能的栏目设置。在教材中放置问卷调查二维码，供教材使用者对内容进行即时反馈评价，便于编写团队对教材的后续更新。设置"案例分析""思考与交流""归纳与总结"等教学活动栏目供学生使用。

本书由南京信息职业技术学院的汤昕怡和吕艳担任主编，马敏、陈婷婷、马晓晟、张方圆、刘佳、任志玮、王萌参编完成。虽然编者有着多年从事 ICT 行业相关课程的教学和开发工作，积累了一定的经验。但是，由于编者水平和经验的局限，认识上的错误和理解上偏差都可能存在，书中难免有错误和不妥之处，敬请读者批评指正。

编　者

2022 年 6 月

目录

1

模块一

初识 ICT 营销

ICT 作为 21 世纪社会整体产业构架的基础，促进了整个经济体系的知识化和数字化发展，已成为未来各国经济发展的主导方向。随着 ICT 技术的发展和普及，ICT 产业正不断渗透到各个领域。我国 ICT 行业细分领域众多，其中，大数据、云计算、工业互联网、软件、区块链、集成电路、5G 通信业在近些年的贡献力度最大，市场规模均达千亿元以上。

市场营销对于一个 ICT 企业的发展有着不可忽视的影响，是企业成功的关键因素。市场营销的优势也在企业的蓬勃发展中日益凸显。越来越多企业管理者认识到了营销和策划的重要性，将营销策划的工作摆在了首要位置。作为连接企业与市场的纽带，企业市场营销工作的好坏非常直观地体现了企业在社会上的形象，在一定程度上对企业的命运起着决定作用。市场营销是个人或群体通过创造，提供并同他人交换有价值的产品，以满足各自的需要和欲望的一种社会活动和管理过程。在这个核心概念中包含了：需要、欲望和需求，产品或提供物，价值和满意，交换和交易，关系和网络，市场，营销和营销者等一系列的概念。

知识目标

- 了解市场营销的概念和功能
- 掌握 STP、4P、4C、4R 理论的内涵
- 掌握市场营销的过程
- 了解市场营销的特点
- 了解 ICT 营销的概念及分类

技能目标

- 运用市场营销基本概念，分析市场营销的要素和重要性
- 认识 STP、4P、4C、4R 原理的区别，并能运用相关原理分析案例
- 能分析现代市场营销的特点
- 能够分类 ICT 项目

项目一

什么是市场营销

【项目导读】

市场营销对于一个企业的生存和成功非常重要，市场营销部往往也是企业的核心部门。那么市场营销的作用是什么，它到底是干什么的，包含哪些内容，是不是就是指我们日常生活中所理解的销售呢？它和传统的推销是一样的吗？在市场营销观念的发展史上出现过哪些市场营销的策略呢？

【任务引入】

我国很多企业在充分发展的基础上同样面临着多重的挑战，如市场竞争激烈、产品供求不平衡等，企业的自身也出现了相关的"经营难"问题。而走出困境的有效办法就是树立营销观念，构建市场营销体系，以先进的科学的管理手段，在复杂的市场环境中立于不败之地。一些人将市场营销仅仅理解为销售，一些企业往往只是要求营销部门通过各种手段设法将企业已经生产的产品销售出去。然而，市场营销的含义是比较广泛的。它重视销售，但它更强调企业在对市场进行充分的分析和认识的基础上，以市场的需求为导向，规划从产品设计开始的全部经营活动，以确保企业的产品和服务能够被市场所接受，从而顺利地销售出去，并占领市场。市场营销的观念也不是一成不变的，它是随着时代的进步在不断地变化。企业所处的时期、经济体制等都会对其产生影响。企业在具体实践中不能简单地将它们割裂甚至对立起来，而应当相互借鉴、有机结合，并根据企业自身的特点加以灵活运用。

【相关知识】

1. 市场营销的概念

美国著名的营销学者菲利浦·科特勒对市场营销的核心概念进行了如下的描述："市场营销是个人或群体通过创造，提供并同他人交换有价值的产品，以满足各自的需要和欲望的一种社会活动和管理过程。"由此可以得到下面的关于市场营销概念的重点：

（1）目标是满足需求和欲望；

（2）核心是交换，交换过程主动积极寻找机会，满足双方需求和欲望的社会和管理的过程；

（3）交换过程顺利否，取决于营销者创造的产品和价值满足顾客需要的程度和交换过程的管理水平。

2. 市场营销的基本核心要素

（1）需要、欲望和需求

市场交换活动的基本动因是满足人们的需要和欲望。"需要"是指人们生理上、精神上或社会活动中所产生的一种无明确指向性的满足欲，就如饥饿了想寻找"食物"，但并未指向是"面包""米饭"还是"馒头"；这一指向一旦得到明确，"需要"就变成了"欲望"；而对企业的产品而言，有购买能力的"欲望"才是有意义的，才真正能构成对企业产品的"需求"。有这样的认识对企业十分重要。

【案例 1-1】

"寻找钻头"的需求

当我们看到有一个消费者在市场上寻找钻头时，会认为这个人的"需要"是什么呢？以一般的眼光来看，这个人的"需要"似乎就是钻头。但若以市场营销者的眼光去看，这人的需要并不是"钻头"，而是要打一个"洞"，他是为了满足打一个洞的需要购买钻头的。那么这同前者的看法有什么本质区别呢？区别在于，如果只认为消费者的"需要"是钻头，企业充其量只能在提供更多更好的钻头上去动脑筋，这样并不能保证企业在市场上占有绝对的竞争优势。而如果认为消费者的"需要"是打"洞"，那么企业也许就能创造出一种比钻头打得更快、更好、更便宜的打洞工具，从而就可能使企业在市场上占据更为有利的竞争地位。所以从本质上认识，消费者购买的是对某种"需要"的"满足"，而不仅仅是产品。

（2）产品或提供物

产品不仅是指那些看得见摸得着的物质产品，也包括那些同样能使人们的需要得到满足的服务甚至是创意，我们把所有可通过交换以满足他人需要的事物统称为"提供物"。如人们会花几千元的钱去购买一台大屏幕的液晶电视来满足休闲娱乐的需要，也可以花费同样的代价去进行一次长途旅游，以同样达到休闲娱乐之目的。而在当今的社会中，一个有价值的"主意"，也可能使创意者获得相当的回报。

（3）价值和满意

市场交换能否顺利实现，往往取决于人们对效用和代价的比较。如果人们认为产品的效用大于其支付的代价，再贵的商品也愿意购买；相反如果人们认为代价大于效用，再便宜的东西也不会要，这就是人们在交换活动中的价值观。人们只会去购买有价值的东西，并根据效用和代价的比较来认识价值的实现程度。人们在以适当的代价获得了适当的效用的情况下，才会有真正的满足；当感到以较小的代价获得了较大的效用时，则会十分满意；而只有在交易中感到满意的顾客才可能成为企业的忠实顾客。

（4）交换和交易

交换是市场营销活动的核心。人们实际上可以通过四种方式获得他所需要的东西：一是自行生产，获得自己的劳动所得；二是强行索取，不需要向对方支付任何代价；三是向人乞讨，同样无须作出任何让渡；四是进行交换，以一定的利益让渡从对方获得相当价值产品或满足。市场营销活动仅是围绕第四种方式进行的。从交换实现的必要条件来看，必须满足以下几条：

①交换必须在至少两人之间进行；

②双方都拥有可用于交换的东西；

③双方都认为对方的东西对自己是有价值的；

④双方有可能相互沟通并把自己的东西递交给对方；

⑤双方都有决定进行交换和拒绝交换的自由。

交换不仅是一种现象，更是一种过程，只有当交换双方克服了各种交换障碍，达成了交换协议，我们才能称其为形成了"交易"。交易是达成意向的交换，交易的最终实现需要双方对意向和承诺的完全履行。所以如果仅从某一次交换活动而言，市场营销就是为了实现同交换对象之间的交易，这是营销的直接目的。

（5）市场、关系和网络

市场是交易实现的场所和环境，市场主要是由"卖方"和"买方"两大群体所构成的。

企业为了稳定自己的销售业绩和市场份额，应当通过营销的努力来发展同自己的供应商、经销商和顾客之间的关系，使交易关系能长期稳定地保持下去。

企业同与其经营活动有关的各种群体（包括供应商、经销商和顾客）所形成一系列长期稳定的交易关系就构成了企业的市场网络。企业市场网络的规模和稳定性成为形成企业市场竞争力的重要方面，从而也就成为企业营销的重要目标。

（6）营销和营销者

市场营销是一种积极的市场交易行为，在交易中主动积极的一方为市场营销者，而相对被动的一方则为营销者的目标市场，市场营销者采取积极有效的策略与手段来促进市场交易的实现。营销活动的有效性既取决于营销人员的素质，也取决于营销的组织与管理。

3. 营销观念的演进

从 19 世纪末到现在，先后出现了五种市场观念。

（1）生产观念（是最古老的经营思想，以产定销）

生产观念，即以生产为中心的企业经营指导思想，重点考虑"能生产什么"，把生产作为企业经营活动的中心。

（2）产品观念（创造最优产品，不断求精）

产品观念，即企业以消费者在同样的价格水平下会选择质量高的产品为前提，把企业营销活动的重点放在产品质量的提高上。

（3）推销观念（注重产品利润，不注重市场需求和消费者利益）

销售观念，又称推销观念，是以销售为中心的企业经营指导思想，重点考虑如何能卖出去，把销售作为企业经营活动的核心。

（4）市场营销观念（需求中心论，定制目标市场，顾客满意，整体营销）

市场营销观念，是以消费者需求为中心的企业经营指导思想，重点考虑消费者需要什么，把发现和满足消费者需求作为企业经营活动的核心。

（5）社会营销观念（保持或增进消费者和社会福利，满足市场）

社会营销观念，是 20 世纪 70 年代出现的新观念，它强调企业向市场提供的商品和劳务不仅要满足消费者的个别的、眼前的需要，而且要符合消费者总体和整个社会的长远利益。

前三种为旧观念阶段，后两种为新观念阶段。它们的主要区别如下：

第一，企业营销活动的出发点不同。旧观念企业以产品为出发点，新观念下企业以消费者需求为出发点。

第二，企业营销活动的方式不同。旧观念下企业主要用各种推销方式推销制成的产品，新观念下企业则是从消费者需求出发，利用整体市场营销组合策略，占领目标市场。

第三，营销活动的着眼点不同。旧观念下企业的目光短浅，偏向于计较每一项或短期交易的盈亏和利润的大小，而新观念下企业除了考虑现实的消费者需求外，还考虑潜在需求。

市场营销的概念可以从定义、观念和策略等方面进行考究。随着经济社会的发展，市场营销的定义由"点"扩展到"面"，营销观念更加多元化，营销策略经历了 STP、4P、4C 和 4R 等发展阶段，未来的研究应更加注重本土化。

任务一　分析 STP、4P、4C、4R 营销策略的区别和应用

任务分析：认识市场营销之 STP

市场细分的概念是美国营销学家温德尔·史密斯在 1956 年最早提出的，此后，美国营销学家菲利浦·科特勒对其进一步发展和完善并最终形成了成熟的 STP 理论。STP 理论是指企业在一定的市场细分的基础上，确定自己的目标市场，最后把产品或服务定位在目标市场中的确定位置上。STP 理论中的 S、T、P 分别是 Segmenting、Targeting、Positioning 三个英文单词的缩写，即市场细分、目标市场和市场定位的意思。

1. 市场细分

（1）市场细分的概念

市场细分是指根据消费者在需求上的各种差异，把整体市场划分为在需求上大体相似的若干个市场部分，形成不同的细分市场，即小市场。

微课：市场营销之 STP

（2）市场细分的依据

市场细分的依据是整体市场存在消费需求的差异性。由于消费者所处的地理环境、社会环境及自身的教育、心理因素是不同的，他们对产品的价格、质量、款式、服务等的要求也不尽相同，存在消费需求的差异性。因此，客观存在的需求差异是市场细分的依据。

（3）市场细分的作用

市场细分的作用具体表现为：

第一，市场细分有利于企业认识市场，选择合适的目标市场；

第二，市场细分有利于企业充分、合理利用现有资源，制定或调整企业的营销策略；

第三，市场细分有利于满足消费者的需求，提高企业的经济效益。

（4）市场细分的标准

市场细分是以消费需求差异为划分依据的，因此形成需求差异的各种因素均可作为市场细分的标准。市场细分标准通常可以分为四大类，即：地理细分标准、人口细分标准、心理细分标准、行为细分标准。

（5）市场细分的原则

在进行市场细分时，应该遵守以下三条基本原则：

①可衡量性。要求市场细分的标准是明确的，细分出来的不同细分市场之间有明显不同的需求差异。

②可进入性。所选择的细分市场，企业能有足够的能力进入。

③可盈利性。细分出的市场能够使企业获得足够的利润，才有开发的价值。

（6）市场细分的步骤

①选定产品市场范围。公司应明确自己在某行业中的产品市场范围，并以此作为制定市场开拓战略的依据。

②列举潜在顾客的需求。可从地理、人口、心理等方面列出影响产品市场需求和顾客购买行为的各项变数。

③分析潜在顾客的不同需求。公司应对不同的潜在顾客进行抽样调查，并对所列出的需求变数进行评价，了解顾客的共同需求。

④制定相应的营销策略。调查、分析、评估各细分市场，最终确定可进入的细分市场，并制定相应的营销策略。

2. 目标市场

（1）目标市场的概念

目标市场是指企业从细分后的市场中选择出来的决定进入的细分市场，也是对企业最有利的市场组成部分。

（2）目标市场的选择策略

根据各个细分市场的独特性和公司自身的目标，共有三种目标市场策略可供选择：

①无差异市场营销。指公司只推出一种产品，或只用一套市场营销办法来招徕顾客。当公司断定各个细分市场之间很少差异时可考虑采用这种大量市场营销策略。

②密集性市场营销。这是指公司将一切市场营销努力集中于一个或少数几个有利的细分市场。

③差异性市场营销。指公司根据各个细分市场的特点，相应扩大某些产品的花色、式样和品种，或制订不同的营销计划和办法，以充分适应不同消费者的不同需求，吸引各种不同的购买者，从而扩大各种产品的销售量。它的优点是在产品设计或宣传推销上能有的放矢，分别满足不同地区消费者的需求，可增加产品的总销售量，同时可使公司在细分小市场上占有优势，从而提高企业的知名度，在消费者以上树立良好的公司形象。它的缺点是会增加各种费用，如增加产品改良成本、制造成本、管理费用、储存费用。

3. 市场定位

（1）市场定位的概念

市场定位就是在营销过程中把其产品或服务确定在目标市场中的一定位置上，即确定自己产品或服务在目标市场上的竞争地位，也叫"竞争性定位"。市场定位的实质是使本企业与其他企业严格区分开来，使顾客明显感觉和认识到这种差别，从而在顾客心目中占有特殊的位置。

（2）市场定位的方法

企业经营的产品不同，面对的顾客不同，所处的竞争环境也不同，因而市场定位的方法也不同。企业进行市场定位的方法是多维度的。

①根据产品特色定位。根据产品本身特征，确定它在市场上的位置。构成产品内在特色的许多因素都可以作为市场定位所依据的原则，如产品功能、成分、材料、质量、档次、价格等。

②根据产品利益定位。产品本身的属性及由此衍生的利益，解决问题的方法以及重点需要满足的程度也能使顾客感受到其定位。

③根据使用者类型定位。企业把产品指引给适当的潜在使用者，根据使用者的心理和行为特征，以及特定的消费者评价塑造出适当的印象。

④根据竞争需要定位。企业根据竞争者的特色和市场位置，结合企业自身发展需要，将本企业产品定位在与其相似的另一类竞争产品的档次，或定位在与竞争直接有关的不同属性或利益。

（3）市场定位策略

①填补定位策略。填补定位策略是指企业为避开强有力的竞争对手，将产品定位在目标市场的空白部分或是"空隙"部分。此策略可以避开竞争，迅速在市场上站稳脚跟，并能在消费者或用户心目中迅速树立一种形象。这种定位方式风险较小，成功率较高，常常为多数企业所采用。

②并列定位策略。并列定位策略是指企业将产品定位在现有竞争者的产品附近，服务于相近的顾客群，与同类同质产品满足同一个目标市场部分。采用这种定位方式有一定的风险，但不少企业认为这是一种更能激励自己奋发向上的可行的定位尝试，一旦成功就会取得巨大的市场优势，因为这个市场部分肯定是最有利可图的部分。

③对抗定位策略。对抗定位策略是指企业要从市场上强大的竞争对手手中抢夺市场份额，改变消费者原有的认识，挤占对手原有的位置，自己取而代之。采用此策略的目的在于企业准备扩大自己的市场份额，决心并且有能力击败竞争者。

④重新定位策略。重新定位策略是指随着企业的发展、技术的进步、社会消费环境的变化，企业对过去的定位作修正，以使企业拥有比过去更多的适应性和竞争力。

案例解析：美国米勒公司 STP 营销案

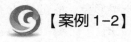【案例 1-2】

美国米勒公司营销案

在 20 世纪 60 年代末，米勒啤酒公司在美国啤酒业排名第八，市场份额仅为 8%，与百威、蓝带等知名品牌相距甚远。为了改变这种现状，米勒公司决定采取积极进攻的市场战略。

他们首先进行了市场调查。通过调查发现，若按使用率对啤酒市场进行细分，啤酒饮用者可细分为轻度饮用者和重度饮用者，而前者人数虽多，但饮用量却只有后者的 1/8。

他们还发现，重度饮用者有着以下特征：多是蓝领阶层；每天看电视 3 个小时以上；爱好体育运动。米勒公司决定把目标市场定在重度使用者身上，并果断决定对米勒的"海雷夫"牌啤酒进行重新定位。

重新定位从广告开始。他们首先在电视台特约了一个"米勒天地"栏目，广告主题变成了"你有多少时间，我们就有多少啤酒"，以吸引那些"啤酒坛子"。广告画面中出现的尽是些激动人心的场面：船员们神情专注地在迷雾中驾驶轮船，年轻人骑着摩托车冲下陡坡，钻井工人奋力止住井喷等。

结果，"海雷夫"的重新定位战略取得了很大的成功。到了 1978 年，这个牌子的啤酒年销售量达 2 000 万箱，仅次于 AB 公司的百威啤酒，在美国名列第二。

任务分析：认识市场营销之 4P

微课：市场营销之 4P

美国营销学学者杰罗姆·麦卡锡教授在 20 世纪 60 年代提出了著名的 4P 营销组合策略，即产品（Product）、价格（Price）、渠道（Place）和促销（Promotion）组成的营销手段。4P 营销理论为企业的营销策划提供了一个有用的框架。它是以满足市场需求为目标的，重视产品导向而非消费者导向，代表的是企业立场而非客户的立场。

1. 产品（Product）

产品是指企业提供给目标市场的货物、服务的集合，可以是有形的实体，也可以是无形的服务、技术、知识或智慧等。包括产品的效用、质量、外观、式样、品牌、包装和规格，还包括服务和保证等因素。产品要有实质上的创新，应把产品的功能放在第一位，同时注意塑造产品品牌，以及产品的包装等。

2. 价格（Price）

企业要根据产品特点、市场环境特点、市场定位、消费者心理特点等因素确定不同的定价目标，采用不同的定价策略，选择不同的定价方法，制定出对产品营销最有利的价格。主要包括基本价格、折扣价格、付款时间、借贷条件等。它是指企业出售产品所追求的经济回报。价格是消费者比较敏感的，所以企业要为其生产的产品制定合适的价格。企业都是以盈利为目标的，定价要同时兼顾销售效益和企业效益。打价格战也是一种定价策略。企业还要注意企业的品牌战略是产品的定价依据，所以要注重品牌的含金量。

3. 渠道（Place）

产品的营销渠道是指产品从生产者转移到目标市场消费者所经历的过程和路径。主要包括分销渠道、储存设施、运输设施、存货控制，它代表企业为使其产品进入和达到目标市场所组织，实施的各种活动，包括途径、环节、场所、仓储和运输等。

4. 促销（Promotion）

促销是指企业利用各种信息载体与目标市场进行沟通的传播活动。包括广告、人员推销、营业推广与公共关系等。企业要选择合适的促销组合和促销策略。为了提高产品和企业的知名度，企业可以为产品做适当的广告宣传。广告作为一种促销方式或促销手段，是一门带有浓郁商业性的综合艺术，成功的广告可以使默默无闻的企业和产品名声大振，广为流传。

案例解析：福特汽车 4P 营销案

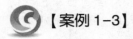 【案例1-3】

福特汽车营销案

20 世纪 20 年代，汽车生产商亨利·福特有一个梦想，即把轿车卖给每一个美国家庭。为实现这个梦想，他认为首先要有满足客户不同需求的产品，所以就通过流水线大批量生产不同规格的轿车；同时还得让人们买得起，所以要有竞争力的价格。福特公司通过大批量生产降低了成本，也形成了消费者可以接受的价格。但是福特认为还存在一个问题：消费者遍布于美国各地，而福特汽车的生产地在底特律，消费者不可能为购买一辆汽车，千里迢迢从各地来底特律，于是福特就建立了代理商或者分销商渠道把汽车运到全国各地。这样，消费者就能在离自己较近的地方很方便地买到福特汽车了。

除了采取以上的措施，为避免消费者对其产品认知程度低，福特还通过广告进行强力促销，甚至派销售团队挨家挨户地上门销售。

传统的 4P 理论所建立的营销模式是以产品为导向的。这个理论被一直沿用到 20 世纪 80 年代。在实践中，人们逐渐发现这样的模式在应用时会产生一些问题。4P 理论没有真正地去挖掘每个消费者的需求，也没有与每个消费者建立互信的关系，更没有设法提高消费者满意度，其所进行的营销只是大力地宣传自己的产品，只是围绕着对产品的了解来进行销售的，所以销售商为营销行动支付代价后不能及时有效地得到市场回报。

任务分析：认识市场营销之 4C

4C 理论是由美国营销专家劳特朋教授在 1990 年提出的，它以消费者需求为导向，重新设定了市场营销组合的四个基本要素：即消费者（Consumer）、成本（Cost）、便利（Convenience）和沟通（Communication）。它强调企业首先应该把追求顾客满意放在第一位，其次是努力降低顾客的购买成本，然后要充分注意到顾客购买过程中的便利性，而不是从企业的角度来决定销售渠道策略，最后还应以消费者为中心实施有效的营销沟通。

微课：市场营销之 4C

1. 消费者（Consumer）

企业更考虑消费者的需要和欲望，建立以消费者为中心的零售观念，将"以消费者为中心"作为一条红线，贯穿于市场营销活动的整个过程。企业应站在消费者的立场上，帮助消费者组织挑选商品货源；按照消费者的需要及购买行为的要求，组织商品销售；研究消费者的购买行为，更好地满足消费者的需要；更注重为消费者提供优质的服务。

2. 成本（Cost）

消费者在购买某一商品时，除耗费一定的资金成本外，还要耗费一定的时间成本、精神成本和体力成本，这些构成了消费者总成本。企业应努力降低消费者购买的总成本，如降低商品进价成本和市场营销费用从而降低商品价格，以减少消费者的货币成本；努力提高工作效率，尽可能减少消费者的时间支出，节约消费者的购买时间；通过多种渠道向消费者提供详尽的信息、为消费者提供良好的售后服务，减少消费者精神和体力的耗费。

3. 便利（Convenience）

这里的方便指为消费者提供最大的购物和使用方便。如在选择地理位置时，应考虑地区抉择、区域抉择、地点抉择等因素，尤其应考虑"消费者的易接近性"这一因素，使消费者容易达到商店。即使是远程的消费者，也能通过便利的交通接近商店。同时，在商店的设计和布局上要考虑方便消费者进出、上下，方便消费者参观、浏览、挑选，方便消费者付款结算，等等。

4. 沟通（Communication）

企业为了创立竞争优势，必须不断地与消费者沟通。与消费者沟通包括向消费者提供有关商店地点、商品、服务、价格等方面的信息；影响消费者的态度与偏好，说服消费者光顾商店、购买商品；在消费者的心目中树立良好的企业形象。与消费者沟通比选择适当的商品、价格、地点、促销更为重要，更有利于企业的长期发展。

在 4C 理念的指导下，越来越多的企业更加关注市场和消费者，与消费者建立一种更为密切和动态的关系。

案例解析：基于 4C 营销理论的会议营销创新

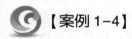

【案例 1-4】

基于 4C 营销理论的会议营销创新

随着消费者的消费理念日趋理性，广告的效果逐渐削弱，以传统方式销售保健品的成本费用不断增高，许多企业已经无法承受，市场越来越难做，保健品行业急需一种新的营销模式。在这样的环境下，会议营销应运而生。

所谓会议营销是指企业通过各种途径收集消费者的资料，经过分析、整理后建立数据库，然后从中筛选出所要针对的目标消费者，运用组织会议的形式，结合不同的促销手段进行有针对性的销售的一种营销模式。20 世纪 80 年代，会议营销作为直销的一种模式在国外就很流行，而在国内是近几年才兴起的，而且只限于保健品、食品、家用医疗器械、健康电器等产品，部分企业在小范围内运作药品。会议营销以科普营销、旅游营销、联谊会营销、餐饮营销等形式开展，对传统营销的冲击非常大，同时也产生积极影响。

与产品导向的 4P 理论相比，4C 理论有了很大的进步和发展，它重视顾客导向，以追求顾客满意为目标，但 4C 理论依然存在不足。首先，市场经济还存在竞争导向，企业不仅要看到顾客需求，而且还需要更多地注意到竞争对手。其次，企业往往为被动地满足顾客需求付出更大的成本，失去了自己的方向，不能长期获得利润。

于是出现了 4R 营销理论，不仅仅停留在满足市场需求和追求顾客满意，而是以建立顾客忠诚为最高目标，对 4P 和 4C 理论进行了进一步的发展与补充。

任务分析：认识市场营销之 4R

4R 理论由唐·舒尔茨在 4C 理论基础上提出，根据市场成熟和竞争形势，着眼企业与顾客互动双赢，通过 Relevance（关联）、Reaction（反应）、Relationship（关系）和 Reward（回报）形式，把企业与顾客联系在一起，形成竞争优势。

微课：市场营销之 4R

4R 理论以竞争为导向，展示了营销趋势：强调长期地拥有客户；重视长期利益；从单一销售转向建立友好合作关系；以产品或服务的利益为核心；重视高度承诺。4R 理论把服务、质量和营销有机地结合。

1. 关联（Relevance）

关联即认为企业与顾客是一个命运共同体。建立并发展与顾客之间的长期关系是企业经营的核心理念和最重要的内容。

2. 反应（Reaction）

在相互影响的市场中，对经营者来说最现实的问题不在于如何控制、制订和实施计划，而在于如何站在顾客的角度及时地倾听和测试商业模式转移成为高度回应需求的商业模式。

3. 关系（Relationship）

在企业与客户的关系发生了本质性变化的市场环境中，抢占市场的关键已转变为与顾客建立长期而稳固的关系。与此相适应产生了 5 个转向：从一次性交易转向强调建立长期友好合作关系；从着眼于短期利益转向重视长期利益；从顾客被动适应企业单一销售转向顾客主动参与到生产过程中来；从相互的利益冲突转向共同的和谐发展；从管理营销组合转向管理企业与顾客的互动关系。

4. 报酬（Reward）

任何交易与合作关系的巩固和发展，都是经济利益问题。因此，一定的合理回报既是正确处理营销活动中各种矛盾的出发点，也是营销的落脚点。

4R 营销理论以关系营销为核心，注重企业和客户关系的长期互动，重在建立顾客忠诚。它既从厂商的利益出发又兼顾消费者的需求，是一个更为实际、有效的营销制胜术。

4R 营销同任何理论一样，也有其不足和缺陷。如与顾客建立关联、关系，需要实力基础或某些特殊条件，并不是任何企业可以轻易做到的。

技能训练

结合上面知识点及任务分析的内容，对营销学上的几大经典营销策略的关键内容、优缺点及应用场合进行分析，并完成下表的填写。

序号	营销策略	区别点	内容
1	STP	提出时间	
		关键词	
		优点	
		缺点	
		适合应用的场合	
2	4P	提出时间	
		关键词	
		优点	
		缺点	
		适合应用的场合	
3	4C	提出时间	
		关键词	
		优点	
		缺点	
		适合应用的场合	
4	4R	提出时间	
		关键词	
		优点	
		缺点	
		适合应用的场合	

任务总结

现代的市场营销管理从本质上来说是一种观念、一种态度或是说一种企业思维方式，它的核心是正确处理企业、顾客和社会三者之间的利益关系。要达到市场营销的成功应该采用 STP、4P、4C、4R 策略的有机结合，企业要全面树立以顾客为中心的价值观，"做生意就是要创造顾客，留顾客"，发展"连锁顾客"。以顾客需求为导向，通过顾客的满意系统的运行，赢得忠诚满意的顾客群。此外，企业必须透露出一种以他人利益为重的真诚、可信。

任务二 设计关于现代市场营销需求的调查问卷

任务分析：分析市场营销的过程

市场营销过程是指分析市场机会，研究与选择目标市场，制订市场营销战略，制订市场营销计划，以及实施和控制市场营销工作。

其步骤如图 1-1 所示。

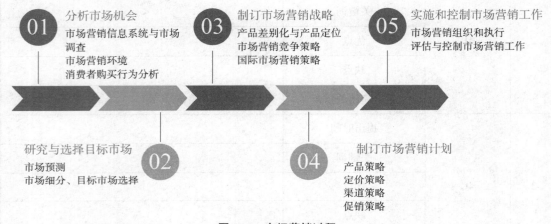

图 1-1 市场营销过程

从图 1-1 可见，市场营销过程一般包括以下方面。

1. 分析市场机会

进行企业宏微观环境分析，从而找出与企业能力相适应的环境机会（并从中辨明哪些是企业机会），以及企业可能面临的威胁。潜在的市场，就是客观上已经存在或即将形成而尚未被人们认识的市场。要发现潜在市场，必须作深入细致的调查研究，弄清市场对象是谁，容量有多大，顾客的心理、经济承受力如何，市场的内外部环境怎样，等等；要发现潜在市场，除了充分了解当前的情况以外，还应该按照经济发展的规律，预测未来发展的趋势。市场营销管理人员可采取以下方法来寻找、发现市场机会：①广泛搜集市场信息；②借助产品/市场矩阵；③进行。

2. 研究与选择目标市场

针对存在的企业机会，根据顾客需求的差异性，划分并确定细分市场，进而选定适合企业的目标市场并进行市场定位。

3. 计划营销战略

从长期和全局性出发，客观分析市场营销预算（资源配置、投资战略）、市场定位战略、市场竞争战略等。

4. 制订市场营销计划

综合运用营销四要素，产品（Product）、价格（Price）、渠道（Place）、促销（Promotion），以确定营销策略。

5. 实施和控制市场营销工作

针对已制定的市场营销战略与策略，进行具体的组织、实施，并对营销计划的执行过程进行控制，以保证计划的有效实施。

任务分析：设计调查问卷的步骤

从一次问卷调查开始到正式的测试，其基本步骤是：

①根据研究目的与假设，收集所需资料；

②研究问卷形式，可以从研究者的时间、研究范围、对象、分析方法和解释方法等方面考虑；

③列出标题和各部分项目；

④征求意见，修订项目；

⑤试测，以 30~50 人为试测样本，求出信度、效度；

⑥进行项目分析，重新修订；

⑦正式测试。

问卷通常由卷首语、指导语、主体等部分组成。

1. 卷首语

卷首语包括以下内容：

①自我介绍（让调查对象明白你的身份或调查主办的单位）；

②调查的目的（让调查对象了解你想调查什么）；

③回收问卷的时间、方式及其他事项（如告诉对方本次调查的匿名性和保密性原则，调查不会对被调查者产生不利的影响，真诚地感谢受调查者的合作，答卷的注意事项等）。

2. 指导语

指导语旨在告诉被调查者如何填写问卷，包括对某种定义、标题的限定以及示范举例等内容。

3. 主体

问卷的主体，即问题，一般有开放式和封闭式两种。

①开放式问题就是调查者不提供任何可供选择的答案，由被调查者自由答题，这类问题能自然地充分反映调查对象的观点、态度，因而所获得的材料比较丰富、生动，但统计和处理所获得的信息的难度较大。可分为填空式和回答式。

②封闭式问题的后面同时提供调查者设计的几种不同的答案，这些答案既可能相互排斥，也可能彼此共存，让调查对象根据自己的实际情况在答案中选择。它是一种快速有效的调查问卷，便于统计分析，但提供选择答案本身限制了问题回答的范围和方式，这类问卷所获得的信息的价值很大程度上取决于问卷设计自身的科学性、全面性的程度。

封闭式问题又可分为：

是否式：把问题的可能性答案列出两种相矛盾的情况，请被调查者从中选择其一"是"或"否"、"同意"或"不同意"。

选择式：每个问题后列出多个答案，请被调查者从答案中选择自己认为最合适的一个或几个答案并作上记号。

评判式：后面列有许多个答案，请被调查者依据其重要性评判等级，又称为排列式，是数字表示排列的顺序。

技能训练

传统营销的本质就是借助市场了解客户需求，然后生产出他们需要的产品。传统市场营销的营销特点如下：

①市场营销的第一目的是创造顾客，获取和维持顾客；

②要从长远的观点来考虑如何有效地战胜竞争对手，立于不败之地；

③注重市场调研，收集并分析大量的信息，只有这样才能在环境和市场的变化有很大不确实性的情况下做出正确的决策；

④积极推行革新，其程度与效果成正比；

⑤在变化中进行决策，要求其决策者具有很强的能力，要有像企业家一样的洞察力、识别力和决断力。

请对比市场营销的营销特点与现代市场营销的特点，围绕现代企业对市场的需求及现代市场营销的特点，设计一份调查问卷。

任务名称		设计调查问卷	
团队名称		组　长	
成　员 1		成　员 2	
成　员 3		成　员 4	
成　员 5		成　员 6	
1	问卷名称（对此次调查的概括说明，要能准确表达同时吸引被调查者的兴趣）		
2	调查目标		
3	调查方法		
4	调查对象		
5	设计问卷的前言 （置于问卷的开头，用恳求的语言向被调查者说明调查的目的、意义，请予合作）		

续表

| 6 | 设计问卷的主体（调查的问题和回答的格式，问题一般有开放式和封闭式两种） | |
| 7 | 设计问卷的结束语（置于问卷的最后，简短地对被调查者的合作表示真诚的感谢） | |

任务评价

任务名称		设计调查问卷		
团队名称		组　　长		
成　员 1		成　员 2		
成　员 3		成　员 4		
成　员 5		成　员 6		

序号	知识考核点	教师评价	单项分值	实际得分
1	问卷结构完整		25	
2	问题选用合适，概念明确，任务容易操作		25	
3	问题排列有一定的逻辑次序，层次分明		25	
4	问题表述语言简单，不带任何倾向性或暗示		25	
总得分				

任务总结

现代信息化社会的市场竞争强调的是速度，产品更新换代快、客户行为变化快、竞争对手反应敏捷、信息技术日新月异等因素都制约着市场营销组织建立的模式。精简、富有弹性和互动、极具效率并且高度自动化、网络化，将是营销组织在信息化社会设置的基本原则。

现代市场营销既要适应硬环境的竞争，更要适应软环境的竞争，知识竞争和人才竞争是竞争的根本；营销方式从有形向无形转变；营销对象从大众化向个性化转变；营销人员从密集型向知识型转变；营销动向从常规营销向绿色营销转变。

什么是 ICT 营销

进入 21 世纪以来，"ICT" 不断见诸国内外各种主流和非主流学术媒体，成为流行的、使用频率极高的词汇。ICT 从一种提法或观念演变成一个概念，已被越来越广泛的国家和地区所接受，其重要含义更在国际社会上得到了普遍认可，但是，在客户问到什么是 ICT，ICT 业务是什么，有哪些时，我们该如何回答？

【项目导读】

八国首脑会议将 ICT 纳入了东京宣言主题，国际电信联盟（ITU）也在近三届的电信日主题中将 ICT 作为宣传的重点。八国集团在冲绳发表的《全球信息社会冲绳宪章》中认为："信息通信技术是 21 世纪社会发展的最强有力动力之一，并将迅速成为世界经济增长的重要动力。"

任务一　让你认识 ICT

什么是 ICT？事实上，信息通信业界对 ICT 的理解并不统一。作为一种技术，一般人的理解是 ICT 不仅可提供基于宽带、高速通信网的多种业务，也不仅是信息的传递和共享，而且还是一种通用的智能工具。至于业务会多到什么程度，这个工具会"智能"到什么地步，目前的概念还十分模糊。三网融合只是 ICT 的一个基础和前奏，IPTV、手机电视等恐怕也仅仅是冰山一角而已。

要理解 ICT 的内涵和本质，首先要理解和把握信息技术（IT）和通信技术（CT）的关系，因为 ICT 正是 IT 和 CT 的技术融合。纵观 IT 业的发展，1946 年人类发明了第一台电子计算机，被认为是信息化的开始。20 世纪 70 年代微机革命、90 年代网络革命，其发展速度和对人类文化、生活的深远影响都完全超过了工业革命。

信息化与工业化是两个互相衔接的历史阶段，中国则是在一面完成工业化的工作，一面推进信息化的工作。中国政府经过长时间的讨论和实践，提出了"运用信息技术改革传统产业，以信息化带动工业化，实现跨越式发展"的正确策略和方针，分别在宏观上和微观上积极推动信息化工作，利用互联网技术、企业网、政府网、教育科研网让高校实现远程信息和知识资源共享。在企业管理、制造厂生产线上分别采用的管理信息系统 ERP、CRM 系统和计算机集成制造系统等，使生产效率成倍增长，成本降低，投资减少。办公自动化系统、政府便民系统、网上支付系统等使人们在生活质量和工作效率上也获得了提高。通过将 IT 技术和 CT 技术用于企业管理，可以使企业管理更科学化、现代化，管理效率、经济效益提高，决策更正确。

CT 的发展始于一百多年前贝尔发明了电话，从此在人类历史上开始了以电话为主的电信通信时代。后来马可尼发明了无线电报，打开了人类无线电通信的大门。一百年来，随着工业化的发展，若干产业取得了长足的发展。但人们不得不承认其中通信产业最引人注目。它不仅发展迅速，而且对人类生活和工作方式影响深远。现在的光纤通信技术发展应用使一根光纤可同时容纳 10 万左右的人通话。而宽带技术的发展使人们可在家中、办公室享受各种廉价的宽带服务。无线移动通信事业发展又成为通信事业中的新亮点，移动电话已从第二代到第三代、第四代，甚至现在的第五代移动通信变革，人们可以在移动中享受语音、数据、图像的各种服务，移动中看电视、看实时体育比赛、玩游戏、移动办公已成为现实。而随着无线移动终端的宽带化、多功能化，移动通信（语音、数据、图像）变得越来越受人们欢迎。

从 IT 和 CT 的特点比较来看，一方面，两者关系密切，具有很多相似点。CT 与 IT 均属于信息产业，产业特点相近，产业链有多处节点重合，相辅相成，密不可分。IT 技术从一诞生就与通信技术紧密联系在一起。现代的通信技术如果不采用 IT 技术是不可想象的，也不会成为现代技术。一是许多 IT 厂商同时也是 CT 的设备供应商，如生产网络交换机、路由器的设备商。二是 CT 本身就是 IT 服务业的主要客户。因为严格意义上讲，通信系统中的网络系统、计费系统、运营支持系统在本质上都不直接参与通信信息传输，都属于保证 CT 系统正常运营的 IT 系统。三是在信息化进程中，IT 与 CT 的融合越来越紧密。通常，一个成功的信息应用系统必然要将 IT 与 CT 这两方面的知识和资源有机地结合起来才能获得成功，如远程教育、远程医疗、电子农业、电子政务、电子商务、信息安全等领域。IT 技术的发展也与 CT 发展分不开。IT 信息的产生和传输、处理、加工等所采用的理论直接来自通信。而全球的 IT 系统之间的通信联系、信息传输是由通信系统完成的。可以说通信技术进步也促进了 IT 技术发展。而 IT 技术发展使通信的服务质量更好、速度更快，成本更低。

从总体的技术功能来看，两者具有明显的区别。计算机技术的主要功能是信息的处理，而通信技术的主要功能是信息的传输，表现出多方面的差异。

①产业竞争结构不同。IT 产业特点主要表现为横向分层和充分竞争。自个人计算机飞入寻常百姓家以来，该产业链各个环节的企业一直严格遵从这个规则，从没越雷池半步。而传统电信业产业链主要表现为纵向整合，电信运营商对产业链具有极大的控制力。电信运营商的经营领域包括基础电信领域、增值业务领域，通过手机制定甚至能延伸至终端领域，曾经属于典型的自然垄断性行业。

②双方提供的内容不同。CT 服务主要提供的是功能型的产品服务，如电话、宽带接入、组网等，附加一些增值的服务。IT 服务主要是人的服务，靠技术服务与提供解决方案获利。

③产品生命周期不同。CT 产品生命周期长，从 1876 年贝尔发明电话至今已百余年，

宽带经历这么多年还处在成长期。IT 服务则需要高技术的支撑，技术的演变相关性非常密切，产品生命周期短。

④资本结构不同。CT 的行业特点是资金密集型领域，没有一定实力很难进入，具有规模经济性，设备、资金是主要的生产要素。IT 服务行业是智力密集型领域，人是企业的主要生产要素。比如，曾经 IBM 的 IT 服务营运收入比重在整个业务中约为 40%，与此同时，全世界 13 万服务专才占了 IBM 员工总数的一半。对 IT 服务提供商而言，人员投资是投资的主体。以 IBM 公司 2013 年与瑞士电力和自动化技术公司 ABB 的一笔服务合同为例，该服务合同在 5 年中将产生 17 亿美元营收，但 IBM 公司每年为此付出的人工成本将超过 9 000 万美元，算下来，人工成本比重达 53%。

综上所述，ICT 是一个 IT 和 CT 技术融合的概念，狭义的 ICT 应定义为通信技术和信息技术融合而产生的以网络信息通信为核心的技术。这里的通信技术和信息技术不仅包括硬件，而且包括软件和内容。而广义的 ICT 则不仅包括 IT 和 CT 技术的融合，即狭义的 ICT 概念，而且包括基于 ICT 技术创新和技术扩散导致的狭义的 ICT 和传统工业技术的融合。广义的 ICT 是信息技术通信技术以及信息和通信技术融合技术的统称，主要涉及信息的获取、存储处理、传递、显示及应用技术，核心是计算机软件和通信技术，发展重点为微电子和光电子技术、高端计算机技术、计算机网络技术、光纤通信技术、人工智能技术、信息安全技术、卫星遥感技术、磁盘及光盘存储技术、液晶和等离子体技术等。

目前更多地把 ICT 作为一种向客户提供的服务，这种服务是 IT（信息业）与 CT（通信业）两种服务的结合和交融，通信业、电子信息产业、互联网、传媒业都将融合在 ICT 的范围内。固网运营商如中国电信为客户提供的一站式 ICT 整体服务中，包含集成服务、外包服务、专业服务、知识服务以及软件开发服务等。事实上，ICT 服务不仅有为企业客户提供线路搭建、网络构架的解决方案的业务，还可以减轻企业在建立应用、系统升级、运维、安全等方面的负担，节约企业运营成本，因此受到了企业用户的欢迎。

任务二　挖掘 ICT 市场营销的特点

随着 ICT 技术的发展和普及，ICT 产业正不断渗透到其他领域，成为促进工业、农业、服务业和公共事务发展的重要力量，"第四产业"作用和国民经济发展的基础性地位日益突出。

当前，以移动宽带、云计算、大数据、物联网为代表的 ICT 技术，正成为各行业加速转型的引擎。工业 4.0、智能交通、远程医疗、在线教育、智慧城市等领域的发展意味着传统产业需要依靠 ICT 技术进行新一轮的"进化"，ICT 基础设施已经由过去的支撑系统向驱动价值创造的生产系统转变。华为预测，到 2025 年，全球将有超过 1 000 亿的连接。面对这个规模空前的市场，企业业务要抢占先机，赢得挑战，渠道至关重要。

产业链分工全球化趋势更加明显，集成融合成为创新主要方式。

ICT 产业在所有产业中分工格局全球化特征最为显著。随着新兴经济体的崛起和发展中国家对产业环境的不断培育，ICT 产业仍在全球范围内继续转移，产业链分工更加分散。加工制造业向东南亚和拉美国家转移，技术研发向印度、中国等新兴经济体转移的势头不减，产业链分工全球化趋势更加明显。

与此同时，ICT 产业呈现出网络化、平台化、开源化的特征，3C 融合、三网融合的趋势越来越明显，新的电子信息产品在功能上也越来越趋向交叉和融合发展，云计算、移动智能终端、物联网等新兴业态又将产品制造、软件开发、应用服务等各环节进一步集成融合起来，推动 ICT 产业从产品到体系的整体升级。

信息化与工业化和城镇化的结合更加紧密。

党的十八大提出了"五位一体"的总体布局，信息化和工业化深度融合、工业化和城镇化良性互动是未来稳增长、调结构的重要途径。"两化融合"已经取得了较大的成就，未来仍将继续在工业转型升级中发挥重要作用。信息化也伴随在城镇化的全过程中，从电子政务到智能交通、智慧医疗、绿色建筑，ICT 技术与城市建设发展的融合应用创造了巨大的需求，成为建设智慧城市、平安城市、和谐城市所不可或缺的力量。

任务三　分类你身边的 ICT 项目

ICT 是信息技术（IT）和通信技术（CT）的结合，即信息通信技术（Information and Communication Technologies），它涵盖通信业、电子信息产业、互联网和传媒业，可提供基于宽带、高速通信网的多种业务，是信息的传递、共享和应用。依托基础通信业务优势，为客户提供系统集成、软件开发、IT 外包、咨询服务等解决方案。

ICT 业务为客户提供 7 大类 16 个子项 29 个细分业务，包括以下服务内容。

1. 系统集成服务

依据用户需求，为达到用户要求的功能和使用要求，将软件、硬件、网络集成起来所做的服务全过程。系统集成服务内容主要包括设计，设备安装和配置，工程实施，配套软件安装和配置，网络调测，系统联调及应用开发等。

主要包括：基础设施集成、网络通信集成、网络应用集成、行业应用集成等服务。以下介绍后三种服务。

（1）网络通信集成，包括网络（WAN/LAN/xxx）设备、网络安全、PBX、机房智能布线及整治等集成服务。

（2）网络应用集成，包括呼叫中心、视讯（会议、监控）系统和网络安全应用等集成服务。

（3）行业应用集成，包括 OA 办公系统、协同工作、电子商务、行业应用等 IT 系统集成和灵通短信行业应用等集成服务。

2. 软件服务

依据用户需求，利用基本操作系统、数据库、开发工具等开发出一些应用软件，达到既定的功能和使用，软件开发服务主要包括办公自动化系统、通信业务系统、网络应用、中小企业信息化系统和其他软件开发。

主要包括：办公自动化系统、通信业务系统、网络应用、中小企业信息化系统和其他软件的开发。

3. 外包服务

通过整合内外部专业资源，为客户承担网络及 IT 软硬件系统的租赁和旧常运行维护、

故障处理以及运行管理服务。

主要包括：网络通信外包、网络应用外包、行业应用外包等服务。

（1）网络及 IT 维护外包，指网络设备、安全设备、呼叫中心、视讯（会议、监控）系统、IT 应用系统的维护管理等外包服务。

（2）网络设备租赁服务，指核心交换机、核心路由器、局域网交换机、接入路由器及视讯（会议、监控）系统等网络设备的租赁服务。

4. 专业服务

根据自身资源优势（产品优势、网络优势、服务优势、运营优势等），为客户提供的从网络通信到网络应用、行业应用等固网延伸类服务。

主要包括：冗灾备份服务、管理型业务、应用平台业务等服务。

（1）冗灾备份服务业务，包括将客户的数据、数据处理系统、网络系统、基础设施、技术支持能力和运行管理能力等进行备份，使客户信息系统从灾难造成的故障或瘫痪状态恢复到可正常运行状态，并将其支持的业务功能从灾难造成的不正常状态恢复到可接受状态，从而实现客户业务连续性的整体服务。

（2）管理型业务，包括在传统的带宽业务的基础上，对客户 CPE（全球网络客户终端设备）在内的客户广域网进行端到端的实时主动式的网络维护管理，并提供 SLA（服务等级协议）服务承诺的专业化整体服务。

（3）应用平台业务，指为客户提供的以网络通信为基础，围绕行业细分市场应用，面向行业价值链上的相关客户群，具有信息互通、应用交互、协同处理、综合管理、安全保障等功能的行业应用系统平台服务。

5. 知识服务

主要包括：咨询服务、培训服务等。

以为客户创造价值为目标，通过组合技术、业务、管理等方面的专家团队，为客户提供 CT 及 IT 业务规划咨询以及培训服务。

6. IT 业务集成设备服务

主要包括：IT 项目设备销售、第三方设备销售、设备代理等服务。

IT 业务集成设备服务指向客户销售硬件设备产品等。

7. 其他服务

不包括在上述服务中的其他 ICT 服务业务。

案例解析：身边的 ICT 项目

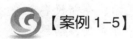 【案例 1-5】

三九医药工业园信息化项目建设

该项目是深圳观澜高新技术园区内信息化建设的"样板"工程，由中国电信深圳分公司承建，目前已建成并投入使用。整个项目分为设计和建设两部分。整个工业园区有六大智能化系统：计算机房系统、网络系统、综合布线系统、视频监控系统、一卡通系统以及公共广播、信息发布、有线电视、安防报警、视频会议等其他信息化系统等。往后对于各区的园区信息化建设的相关项目，被列为深圳市重点项目（见表1-1）。

表1-1　信息园区项目优势

网络资源	中国电信依据光纤网络资源的优势，可参考与物业合作投资基础建设，在基础建设综合布线设计上给予物业一定的专业意见；可将通信接入与楼内园区内的信息网络规划作同步设计
全业务优势	可根据客户需求将语音分别以汇线通、网络等与楼宇布局同步规划，发挥电信的全业务优势
整体解决方案	园区系统智能化的设计和建设，为客户提供一揽子的解决方案。深圳电信有1万人的专业团队为客户提供全方位的一对一服务
工业园信息化建设	将实现内部管理功能、互动服务功能、宣传发布功能、信息共享功能四大功能，更好地提升工业园区整体形象，加强园区之间、园区和员工之间的信息交流。信息园区的建设实现了信息化与工业化相融合

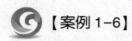【案例1-6】

智慧环保项目

近年来，随着经济发展和公众环保意识的不断提高，政府多次强调禁止秸秆焚烧，甚至纳入各市及省直管县的年度环保目标考核体系。尽管政府采取了正面宣传、回收秸秆甚至蹲点看守等各种措施来制止，但是由于秸秆焚烧的点多面广，而管理人手有限，最终收效甚微。

"蓝天守护者"：利用移动丰富的铁塔资源，基站铁塔+视频监控，自动化、智能化，大大提升效率。

1. 高空视频瞭望

采用高空视频监控技术，进行农田作业周边区域监控。在农村基站铁塔上或山区信号塔上安装球机，对周边区域进行轮询监控。让管理者通过监控中心或者移动终端能随时掌握监控区域状况，同时也对秸秆焚烧者以及纵火者予以震慑。

2. 系统组成

"蓝天守护者"系统主要由视频高空瞭望系统和视频智能分析系统组成。

视频高空瞭望系统是通过安装在基站铁塔上的球机采集现场视频画面，并将现场画面转换成电子信号，通过无线网络传输至中心，然后通过显示单元实时显示、存储设备录像存储等，实现工作人员对各区域的远程监控及事后事件检索功能。同时可通过移动终端如手机、平板等方式随时随地掌握现场画面。

3. 集中显示功能

能把一个地方的所有农田的秸秆焚烧都集中监控显示到视频墙上，由监察机构统一来进行监控，并对违规的及时作出处置。

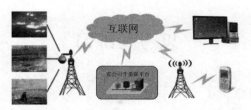

智能分析功能，能把所有的事件输入事件库，利用摄像机采集的图像，直接判别事件发生的真假，采取有效的手段来进行阻止。

智能终端功能，利用移动网络的便捷性，使用手机终端来进行图像的查看。

视频整合功能，被公安局整合进入地市的图像联网平台中，使公安局能够破获一些棘手案件，诸如不法分子蓄意破坏国家、人民财产安全。

对于每个 ICT 企业而言，ICT 营销人员只有在清楚自己的市场所在、正确界定自己位置的同时，保持一颗开放的心，注重科技、技术带来的变革，才能取得真正的成功。

 【思政链接 1-1】

请同学们以小组为单位，讨论从 2020 年抗击新冠疫情至今，ICT 行业所起到的作用，如"云监工"。

《习近平——坚定"四个自信"推进中国特色社会主义伟大事业述评》

信有长风破浪时

项目小结

今天在现代社会，信息通信技术是永远存在的，有超过 30 亿的用户可以上网，拥有智能手机的互联网用户越来越多。信息和数据正在跨越式发展，这种快速增长，尤其在发展中国家，使得 ICT 成为日常生活的关键。当今，ICT 给很多组织和个人以及整个社会带来了问题和挑战。数据的数字化，互联网的高速发展和不断扩展，以及全球网络的不断扩展会突破鸿沟的增长。

本项目通过介绍 ICT 项目，了解什么是 ICT，ICT 市场营销的特点以及 ICT 的项目分类。通过对市场的精准定位，做到了解客户分类，明确客户需求，为后期营销活动的开展打下坚实的物质基础。

思考与练习

1. 市场营销的核心概念是（　　）。

A. 交换　　　　　　B. 需求　　　　　　C. 需要　　　　　　D. 产品

2. 与 4P 市场营销组合中分销（Place）相对应的 4C 中的 C 是（　　）。

A. 顾客需要和欲望　　　　　　B. 顾客成本

C. 方便性　　　　　　D. 沟通

3. 产品观念是（　　）的营销观念。

A. 生产导向　　　　　　B. 消费导向

C. 顾客导向　　　　　　D. 科技导向

4. 顾客导向是现代市场营销的基本观念，它要求营销活动以（　　）为中心。

A. 政府机关　　　　　　B. 消费者

C. 生产企业　　　　　　D. 创新产品

5. 交换能否真正发生，取决于（　　）。

A. 企业（卖者）是否能取得利润

B. 消费者（买者）的需求是否得到满足

C. 双方能否找到交换条件

D. 在交换中，买卖双方谁更主动、积极地寻求交换

6. 什么是 ICT 行业？

7. ICT 业务，即以系统集成为核心的信息通信技术业务，从产品角度划分，主要包括哪些类别？

8. IT 与 CT 的区别有哪些？ICT 业务的优劣势有哪些？详细说明。

9. 列举我国对 ICT 发展的战略。

10. 现在 ICT 发展的焦点在哪几个方面？

模 块 二

夯实 ICT 营销基石——营销素养

　　作为一名合格的 ICT 营销人员，能否在公司赢得一个不可或缺的位置，就在于个人能否帮助公司获得更多的订单。而营销成果的好与坏，不仅仅与公司产品的优劣有关，更决定于你的职业素养，你的工作态度和精神品质，客户对你有好感，对你有信任感，接受你的营销的概率往往更高。具有专业知识，可以给客户答疑解惑；具有敬业精神，能够让客户感受你的真诚和可靠；具有抗压能力，能帮助你逆境中冷静思考，并扭转乾坤。做到了这些，获取合同，签下订单，将变得更加容易。所有的这些，都是建立在你所具备的职业素养的基础之上。可以说，没有职业素养，就没有营销员的业绩，也没有营销员未来的发展上升空间。营销员所具备职业素养的高低，将直接决定收获合同的多少，并最终影响营销员的收入和升职前景。

知 识 目 标

- 了解需求含义和来源
- 掌握 ICT 营销素养的重要性
- 熟悉营销素养包括哪些品质

技 能 目 标

- 认识学习管理的技巧
- 掌握管控时间的方法
- 掌握有效控制情绪管理的措施
- 掌握如何提升敬业精神
- 熟悉掌握诚实守信的途径

项目一

探秘什么是 ICT 营销基石

【项目导读】

在职场中有的人技术能力平平，工作却能如鱼得水，平步青云；而有的人技术水平一流，工作却是磕磕绊绊，难成气候。ICT 营销活动中，业绩是升职加薪的重要参考数据，而业绩的积累却需要成功的营销。如何增加成功营销的概率呢？

卡耐基说过：个人的成功，只有 15% 是由于专业知识，而 85% 靠的是人际关系和处世技巧。无论是初涉职场的新人，还是久经沙场的老将，都必须具备基本的职业素养，它决定着个人事业的成败。

【任务引入】

个体的素质就像水中漂浮的一座冰山，水上部分的知识、技能仅仅代表表层的特征，不能区分绩效优劣；水下部分的动机、特质、态度、责任心才是决定人的行为的关键因素，鉴别绩效优秀者和一般者。职业素养也可以看成是一座冰山：冰山浮在水面以上的只有 1/8，它代表个人的形象、资质、知识、职业行为和职业技能等方面，是人们看得见的、显性的职业素养，这些可以通过各种学历证书、职业证书来证明，或者通过专业考试来验证。而冰山隐藏在水面以下的部分占整体的 7/8，它代表个人的职业意识、职业道德、职业作风和职业态度等方面，是人们看不见的、隐性的职业素养。显性职业素养和隐性职业素养共同构成了所应具备的全部职业素养。

职业素养是劳动者对社会职业了解与适应能力的一种综合体现。职业素养是指职业内在的规范和要求，是在职业过程中表现出来的综合品质。职业素养主要包含职业道德、职业意识、职业行为习惯（职业行为、职业作风）和职业技能四个方面。

ICT 营销素养是指 ICT 行业营销人员具备的职业素养。

职业素养包含以下内容：

根基部分（职业道德、职业意识、职业行为习惯）——世界观、价值观、人生观范畴的产物，从出生到退休或至死亡逐步形成、逐渐完善。

表象内容（职业技能）——支撑职业人生，通过学习、培训获得。

在现代企业发展过程中，企业营销人员应该具备业务素质、品德素质、身体素质、心理素质和知识素质等五方面的基本素质，营销人员的素质会影响企业的运作和发展情况。高素质的营销人员能够为企业的发展注入不竭的动力，能够在企业发展过程中弥补企业相应环节中存在的欠缺，能促进企业克服发展中的一些困难。因此企业在选拔人才的过程中，只有选用具有较高素质的营销人才，并且加强对企业人员素质的不断培训，才能提高企业营销队伍的整体素质。

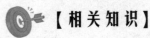 【相关知识】

ICT 营销素养的重要性

员工对于公司的重要性，决定于员工能够给公司创造多少价值。作为营销员，能否在公司赢得一个不可或缺的位置，就在于个人能否帮助公司获得更多的订单。而营销成果的好与坏，不仅仅与公司产品的优劣有关，更决定于你的职业素养，你的工作态度和精神品质，客户对你有好感，对你有信任感，接受你的营销的概率往往更高。具有专业知识，可以给客户答疑解惑；具有敬业精神，能够让客户感受你的真诚和可靠；具有抗压能力，能帮助你逆境中冷静思考，并扭转乾坤。做到了这些，获取合同，签下订单，将变得更加容易。所有的这些，都是建立在你所具备的职业素养的基础之上。可以说，没有职业素养，就没有营销员的业绩，也没有营销员未来的发展上升空间。营销员所具备职业素养的高低，将直接决定收获合同的多少，并最终影响营销员的收入和升职前景。

微课：营销素养重要性

任务一　解析营销素养包括的品质

销售人员必备的九大职业素养见图 2-1。

微课：营销素养包含的九大品质

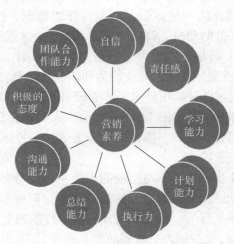

图 2-1　销售人员必备的九大职业素养

1. 自信

美国营销大师菲利浦·科特勒在其《营销管理——计划、控制、试试与执行》一书中说过一句经典的话："害怕拒绝和失败是营销员最大的天敌。"如何战胜拒绝和失败，需要你相信自己有能力并且能够战胜困难。如果自己都缺乏坚信自己能获取成功的信念，那么迎接你的必将是失败。不是由于有些事情难以做到，我们才失去了自信，而是因为我们失去了自信，所以有些事情才显得难以做到。"自信是战胜挫折、赢得机遇的前提，也是切实的方法。

2. 责任感

在日常的工作生活中，我们经常听到这样的话，"这是××部门的责任，不是我们的错；因为……所以……"类似这样的托词数不胜数，部门推部门，下级推上级，上级推下级……大家整天思考的是如何推诿，如何逃避责任。

何为"责任感"？就是对工作认真负责的心情，也叫作责任心。认真，就是严肃对待，不马虎；负责，就是脚踏实地，不应付。

不难理解，我们把"责任感"作为营销工作的核心，就是要求我们以严肃、踏实的态度对待安全工作，而绝不能马虎，绝不允许应付。因为，任何一个人，要想干好任何一件事，都必须具备强烈的责任感。有了这种责任感，我们才能产生一种积极的态度，从而克服消极的、应付的思想，而正是这种积极的态度，也就成了干好事情的基础；有了这种责任感，我们才能寻求一种心理的支持，从而产生一种内在的驱动力，这就是事情取得成功的关键。

3. 学习能力

俗语说得好：活到老、学到老。时代飞速的发展，环境急剧的变化，再没有一劳永逸的成功，学习是一种生活、一种生存方式，没了学习，便没了"生存"，学习是时代发展的要求，是人类获得新的幸福的永恒动力，保持学习精神，直到你的生命结束为止。

学习能力代表着成长的加速度，大家进场的时候，速度差距很小，但经过多年的沉淀与积累，人与人的差距就逐渐拉大了。好比有的人在 5 挡开飞车，有的人在 1 挡慢慢前行，还有的人却在开倒车。关键原因就是学习能力。

一切失败，皆因无知；知识过期，思想僵化；没有终身岗位，缺少保障；变化太快，未来无法预测。

4. 计划能力

运筹于帷幄之中，决胜于千里之外。庙算者胜，失算者寡胜。行动前的计划是一名营销人员每天必做的功课。日计划、周计划、月计划、年计划等，只要确定了明确的目标，针对销售目标制订出合理的销售计划，后期的工作就会目标明确，有条不紊。营销人员最忌讳的是工作的盲目性。

计划能力是安排自己及他人有效地完成某一项任务，合理配置各项资源的能力。其是对项目的计划细致度、合理度、全面度等方面的一个综合评价。比如对计划目的是否明确，范围是否清晰，进度安排是否合理，资源配备是否合理等因素的一个综合考量。

5. 执行力

什么是执行力？执行力就是按质按量地完成工作任务的能力，就是部门和个人理解、贯彻、落实、执行决策的能力。执行力是要部门和个人相配合完成的。对于一个组织，则是长期战略一步步落到实处的能力，是一个组织成功的必要条件，组织的成功离不开好的执行力，当组织的战略方向已经或基本确定，这时候执行力就变得最为关键。战略与执行就好比是理论与实践的关系，理论给予实践方向性指导，而实践可以用来检验和修正理论。执行力，就个人而言，就是把想干的事干成功的能力。个人执行力的强弱取决于两个要素——个人能力和工作态度，能力是基础，态度是关键。所以，提升个人执行力，一方面是要通过加强学习和实践锻炼来增强自身素质，而更重要的则是端正工作态度。

即使最伟大的战略目标，如果失去了执行人员的有效执行，也只是纸上谈兵。因此，个人有义务提高自己的执行力，同时也是在提高自己个人的核心竞争力。

6. 总结能力

归纳总结能力是个人学习过程中的基本能力之一，也是一个人在未来学习、生活、工作中不可或缺的重要能力。

总结能力是推动工作前进的重要环节，是提高能力和寻找工作规律的重要手段，是培养、提高工作能力的重要途径，是团结队伍争取各环节支持的好渠道。在销售过程中总结是必不可少的一个环节，只有不断地总结，才能修正过程中的偏差从而得出可贵的经验和教训，才能更好、更快地成长和发展。作为一名营销人员，应该形成良好的总结习惯，"处处总结得学问"。

7. 沟通能力

随着信息时代的到来，工作、生活节奏越来越快，人与人之间的思想需要加强交流；社会分工越来越细，信息层出不穷，现代行业之间迫切需要互通信息，这一切都离不开沟通，在大家的工作与生活中，沟通显得愈发重要。

营销是与人打交道的工作，因此沟通尤为重要。高品质的沟通可以快速实现销售目标，提升销售业绩；高品质的沟通可以消除人与人之间的隔阂，使人际关系更加融洽；高品质的沟通可以避免一盘散沙，使团队的合作更加默契，团队更具凝聚力。这里需要注意的是高品质的沟通不是具备雄辩的口才就可以了，它需要的更多是真诚和包容。沟通最忌讳的就是欺骗，欺骗只是一时的，而真诚才是永远的。怀着一颗包容的心，沟通无处不在。我们所接触的每个人都是一个不同于其他任何人的独立的个体，我们不能总以自己的标准来衡量他人。包容的目的是为了求同存异，"海不辞水，所以成其大"就是这个道理。

8. 积极的态度

态度是指人的举止动作，对于事物的立场或看法，行动的内在因素。态度是你向他人表达心情的方式；也是你对具体做法、反应的取舍。

有句话说得好"态度决定一切。"没有什么事情做不好，关键是你的态度问题，你对这件事付出了多少，你采取什么样的态度，就会有什么样的结果。

营销工作中，面对新环境或新岗位有着几分陌生的同时却总是激情飞扬，始终会感觉脑子里有根紧绷的弦，同样，这时往往是最容易出业绩的时候。随着岁月的更迭，逐渐地自己对所从事的工作越发熟悉，也深谙其中的种种游戏规则，一切都显得那么游刃有余。突然有一天，感觉自己所做的工作成了一种负担，常常会感觉身心疲惫，再没有当初的激情。做营销工作最怕的就是丧失激情，一旦没有了激情，就会失去积极工作的动力，工作只能是被动地去接受。如此一来，难免会出现负思维，更有甚者，会出现工作敷衍了事、偷奸耍滑的坏毛病。可想而知，以这样的精神状态面对工作，会是什么样的结果。

9. 团队合作能力

团队合作能力是指在一个团队中，为了有效完成共同目标，团队成员应当具有的一种能够融入团队，并贡献各自的知识、观点，以及进行相互协助以完成团队任务的能力，具体包括沟通能力、协作能力、获取协作的能力和执行能力。

一直以来，各行各业对自己的组织机构的团队精神都越来越重视。团队精神好的团队，领导层与员工均能顶住压力、克服困难，一如既往地勤奋工作，完成好各项工作。这是因为团队精神在员工的心中种下了根，调整了员工的心态，促进了员工的心理健康，使他们更加有责任感、更加勤奋。营销活动的重要特性之一就是合作，合作是以集体形式表现出来的。"学会共同生活"，合理处理人与人之间的关系，是营销人所要具备的重要素质之一。

项目二

如何夯实 ICT 营销基石

【项目导读】

工作中，感觉自身前途更渺茫，人际关系处理极糟，心态总是摆不平、放不正，频繁跳槽，最终致使员工职业能力和个人价值得不到提升，甚至失去职业价值。当我们的营销人员在面对客户时的自信心不足，工作过程中执行力不够，缺乏团队协作能力等基本素养时，就会导致自己的职业人生面临低谷。那么我们该如何夯实职业素养呢?"

【任务引入】

如何夯实 ICT 营销基石

营销工作有着它自身的特点和规律，营销员的素质和职业技能是获得项目成功的关键，营销员是企业面向客户的窗口，是企业形象的代表，客户很大程度上是通过营销员而了解公司的产品及服务，营销员的高素质是企业营销成功的关键因素。

客户关系是第一生产力，营销是企业存活的基础，很多企业在营销员的职业素养及技能培养上缺乏有力的方法，同一个公司营销员由于固有的习惯而导致项目丢单的情况经常出现，其根本原因在哪里呢？是缺少营销知识，缺少客户资料，还是缺少营销环境？都不是。同一个公司内，营销员的业绩的高低，第一重要因素是营销员缺乏系统的职业素养训练，缺失营销者的基本素养。

【相关知识】

营销者的素养是成功销售的基石

营销人员是企业人员构成中的重要组成部分，企业营销人员的素质也会关系到企业发展的整体发展。在企业招聘营销人员的过程中，企业都将人员素质作为招聘阶段的主要考核标准。通过对大部分企业的调查可以了解到，作为企业价值的主要贡献者，营销人员的素质关系到企业发展的程度和水平。在一些发展规模较小的企业中，企业人员的素质一般都处于比较低的水平，企业也没有将营销人员的素质作为员工考核的主要标准，这就导致企业在发展过程中，遇到各种各样的发展困难。而一些发展较好的企业，企业领导和管理人员比较重视对营销人员素质的培养，在招聘营销人员的过程中，也会挑选综合素质较高的营销人员。所以说，要想使企业不断壮大和发展，就需要不断地提高营销人员的素质，让营销人员的作用能够得到最大程度的发挥，这样才能促进企业的健康发展。

企业营销人员应该具备基本的品德素质，具有良好的工作习惯、较强的心理素质，做一岗爱一岗，有诚实守信的工作态度。

任务一　开展学习管理

微课：学习管理

干到老，学到老。竞争在加剧，实力和能力的打拼将越加激烈。谁不去学习，谁就不能提高，谁就不会去创新，谁的武器就会落后。同事是老师；上级是老师；客户是老师；竞争对手是老师。学习不但是一种心态，更应该是我们的一种生活方式。谁会学习，谁就会成功，学习成了自己的竞争力，也成了企业的竞争力。

1. 学习的概念

学习是透过教授或体验而获得知识、技术、态度或价值的过程，从而导致可量度的稳定的行为变化，更准确一点来说是建立新的精神结构或审视过去的精神结构。

滴水穿石不是水的力量，而是坚持的力量，有效的学习方式是"做"，学习方程式如图 2-2 所示，学习=学+习，转换一下，学习能力=知识（意识层）通过不断实践（潜意识）获得。

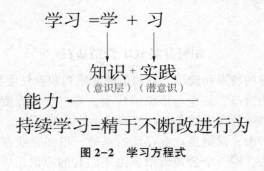

图 2-2　学习方程式

2. 学习的重要性

学习是人类（个体或团队、组织）在认识与实践过程中获取经验和知识，掌握客观规律，使身心获得发展的社会活动，学习的本质是人类个体和人类整体的自我意识与自我超越。

学习可以提高人的文化修养；学习可以优化人的心理素质。

学习（工作）的四个阶段如图 2-3 所示。

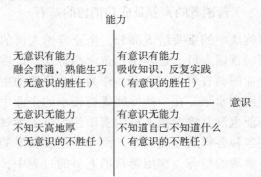

图 2-3　学习（工作）的四个阶段

3. 学习管理的方法

（1）创造性思维方法

创造性思维方法是指打破常规，改变思维定式，寻求以非常规的方法来提升学习力的一种学习思考方法。

创造性思维方法，可以让你找到意想不到的途径来解决问题，帮你迅速加深对知识的理解和掌握，极大地提升学习效率。惯性思维是创造性思维的最大障碍，很大程度上不利于人们分析和解决问题，不利于人的发展。

（2）锥形进军学习法

为了形象地说明，我们把这种学习方法比作一把锥子。锥子有两股劲：一是转劲，二是挤劲。

知识的专一性像锥尖，精力的集中好比是锥子的作用力，时间的连续性好比是不停顿地使锥子往前钻进。这种学习方法所支配的学习活动，呈现出一种尖锐猛烈、持续不断的态势。

原理：烧一壶开水，如果断断续续地烧，1 万斤柴也烧不开；如果连续烧，10 斤柴就够用了。

（3）螺旋上升式学习法

所谓螺旋上升式学习法，就是用一系列的循环知识单元，来代替平铺直叙的知识积累和阐述，每一循环都比上一个循环更高一层、更进一步。这种学习方法，通俗地说，是整体大于各部分之和的一种循环方式，后一循环以前一循环为基础，又比前一循环更深、更高；同时，后一循环的学习又能够使前一循环的知识得到丰富和补充。

（4）快速学习法

快速学习法最早出现在日本，它能使人们以高于常法五倍的速度灵活、迅速地掌握新知识。人们都有这样的经验，一件难记的事情，若是你有意识地向别人讲述几遍，就能大大加深印象，很容易记住。这是因为当你讲述的时候，为了说明它们，大脑在紧张地活动，许多概念在这个时候得到了强化，许多杂乱无章的因子得到了整理，快速学习法运用的就是这个原理。

微课：时间管理

（5）处处留心皆学问

"处处留心皆学问。"在我们生活中，只需留心观察，就能从一些细小的地方、平常的事情中获取知识。日积月累，这些知识就如粒粒沙子，堆成了小沙丘。当你遇到问题时，你从自己的积累中找出相关的知识来解决，一些问题就能迎刃而解了。你知道飞机为什么能在夜间飞行吗？是因为科学家从蝙蝠身上得到了启示，解决了飞机不能夜行的问题。因此，处处留心皆学问！

 【思政链接 2-1】

我们从三岁进幼儿园，二十多岁走入社会，一直在学习。回想一下，你是如何学习的。

【思考】如果走上营销岗位，你如何在入职的三个月内制订有效的学习计划？

任务二 进行时间管理

1. 时间管理的重要性

【案例2-1】

生命中的最后一分钟，死神如期来到了他的身边。此前，死神的形象在他脑海中几次闪过。他对死神说："再给我一分钟好吗？"死神回答："你要一分钟干吗？"他说："我想利用这一分钟看一看天，看一看地。我想利用这一分钟想一想我的朋友和我的亲人。如果运气好的话，我还可以看到一束绽开的花。"

死神说："你的想法不错，但是，很抱歉，我不能答应你。我们留了足够的时间让你去欣赏，你却没有去珍惜，你看一下这份账单：在过去60年的生命中，你有三分之一的时间在睡觉；剩下的40多年里你经常拖延时间；你曾经感叹时间太慢的次数达到了10 000次。上学时，你拖延作业；成人后，你抽烟、看电视，虚掷光阴。

你做事拖延的时间共耗去了36 500个小时，折合1 520天。做事马虎，使得事情不断地要重做，浪费了大约300多天。你工作时间和同事聊天，把工作丢到了一旁毫无顾忌；你经常埋怨、责怪别人，找借口、找理由、推卸责任；你还常常和无聊的人煲电话粥；还有，……"

说到这里，这个危重病人就断了气。死神叹了口气说："如果你活着的时候能节约一分钟，你就能听完我给你记下的账单了。哎，真可惜，世人怎么都是这样，还等不到我动手就后悔死了。

【点评】时间就是生命，有效利用时间，珍惜时间。一天当三天过，时间让你的生命增加了宽度，自我考核的依据，是工作成绩和效果，不是工作量，它体现你生命的价值。

时间是最高贵而有限的资源，不能管理时间便什么都不能管理。　　　　——德鲁克

能不能做好时间管理，往往也是一个人能力的体现。事业有成的人，可能成功原因有很多种，但是，共同之处就是，他们往往都是时间管理的专家。不善于管理时间的人，会经常感到时间不够用。在实际工作中，一些人经常忙忙碌碌，甚至加班加点，但是到了绩效考评时，却很少有能上桌面的业绩。这其中重要的原因就在于控制和规划时间的能力欠缺，导致工作主次不分，劳而无功或劳而少功。

有史以来，众多先哲为揭示时间的奥秘做出了大量的努力和探索，在不同的历史阶段，提出了不同的时间学说。从古代以"自然思辨"为特征的时间说，到近代以"绝对时间"为特征的时间说，再到现代以"相对时间"为特征的时间说，这些学说的提出和发展，促进了人类对时间本质及其特征的认识。作为物质运动过程的持续性、间隔性的矛盾统一和物质运动状态的顺序性的衡量指标，时间具有一维性，即不可逆性，它只有从过去、现在到将来的一个方向，一去不复返。作为一种特殊的资源，时间具有如下独特性：①供给毫无弹性：时间的供给量是固定不变的，在任何情况下不会增加、也不会减少，每天都是24小时，无法开源。②无法蓄积：时间不像人力、财力、物力和技术可以被积蓄、储藏。不论愿不愿意，我们都必须消费时间，无法节流。③无法取代：任何一项活动都有赖于时间的堆砌，这就是说，时间是任何活动不可缺少的基本资源。可以说，世上任何一件事情都

离不开"时间"。④无法失而复得：时间无法像失物一样失而复得。它一旦丧失，则会永远丧失。花费了金钱，尚可赚回，但倘若挥霍了时间，任何人都无力挽回，正所谓"一寸光阴一寸金，寸金难买寸光阴"。

【问卷 1】：扫一扫，动动手，完成一个问卷，根据评分评估自己的时间控制能力。

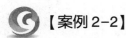

【案例 2-2】

问卷 1：根据评分评估自己的情绪控制能力

　　某天清晨，张三在上班途中，信誓旦旦地下定决心，一到办公室即着手草拟下年度的部门预算。他准时于九点走进办公室。但他并没有立刻开始预算草拟工作，因为他突然想到不如先将办公桌及办公室整理一下，以便在进行重要的工作之前为自己提供一个干净与舒适的环境。他总共花了三十分钟的时间，使办公环境变得整洁。他虽然未能按原定计划在九点钟开始工作，但他丝毫不感到后悔，因为三十分钟的清理工作不但已获得显然可见的成就，而且它还有利于以后工作效率的提高。他面露得意神色，稍作休息。此时，他无意中发现报纸上的彩图照片是自己喜欢的一位明星，于是情不自禁地拿起报纸来。等他把报纸放回报架，时间又过了十分钟。这时他略感不自在，不过，报纸毕竟是精神食粮，也是重要的沟通媒体，身为企业的部门主管怎能不看报？何况上午不看报，下午或晚上也一样要看。这样一开脱，心也就放宽了。于是他正襟危坐地准备埋头工作。就在这个时候，电话铃声响了，是一位顾客的投诉电话。他连解释带赔罪地花了二十分钟的时间才使对方平息怒气。挂了电话，他去了洗手间。在回办公室途中，他闻到咖啡的香味。原来另一部门的同事正在享受"上午茶"，他们邀他加入。他心里想，刚费心思处理了投诉电话，一时也进入不了状态，而且预算的草拟是一件颇费心思的工作，若头脑不清醒，则难以完成，于是他毫不犹豫地应邀加入，便在那前言不搭后语地聊了一阵。回到办公室后，他果然感到神采奕奕，满以为可以开始"正式工作了"——拟定预算。可是，一看表，乖乖，已经十点四十五了！距离十一点的部门例会只剩下十五分钟。他想，反正在这么短的时间内也不太适合做比较庞大耗时的工作，干脆把草拟预算的工作留待明天算了。

【点评】：

　　张三身上有许多时间管理者的影子，养成这样拖延的恶习，终将一事无成。拖延的代价实在是太大了。莎士比亚有句名言："放弃时间的人，时间也会放弃他。"若是时间放弃了你，等待你的将是无休止的恶性循环，如果不及时醒悟，后果将不堪设想。拖延使你陷入烦躁的情绪。一件事久办未完，在心里沉沉甸甸地压着，就像脖子上挂着一块石头，又好像陷入了不可自拔的泥坑，这怎么不使你焦虑烦躁、寝食难安呢？拖延使你要处理的问题越积越多，每天对着桌面上堆积如山的未处理的工作，却不知从何下手，结果往往是丢了这件忘了那件，一件不成又半途而废，费时费力，结果问题是越来越多。拖延使你一再地遭受心理挫折，它会使你对自己越来越失去信心，你开始怀疑自己的能力，或者迁怒于所处的工作环境，产生怨气，抱怨自己的才能得不到发挥或者老是有这样那样的事来阻碍你的工作。拖延还会使你前途黯淡，与晋升无缘。一个上司绝不会一而再，再而三地容忍部下办事拖拉，不讲求实效，做不出什么业绩来。上司需要的是强有力的辅助者，而不是优柔寡断的跟随者。企业的主管和员工随时都要提醒自己"凡事拒绝拖延，现在开始行动"这句话，如果有一件事情终究得你去做，就不要反复问自己："我要做它吗？"因为这个问题的答案已经是确定，你应该做的只是：将你决定要完成的期限写在笔记本上，然后准时去做，如果等到最后一分钟才去做，不但会让自己变得很焦虑，而且在处理过程中会经常犯错或者得到的结果不尽如人意。

时间去哪里了？

阻碍控制时间的因素：

①工作中缺乏计划？

②没有目标？

③拖延？

④抓不到重点？

⑤事必躬亲？

⑥有头无尾？

⑦一心多用？

⑧缺乏条理与整洁？

⑨总是在找东西？

⑩简单的事情复杂化？

⑪懒惰？

⑫浪费别人时间？

⑬不会拒绝请求？

⑭盲目行动？

⑮不懂授权？

⑯盲目承诺？

⑰越权指挥？

⑱完美主义？

⑲总是忙于事后补救工作？

【总结】时间的阻碍主要有以下三个方面（图2-4）：

①做事没有科学方式；

②无法管理外在情况；

③周围干扰因素太多。

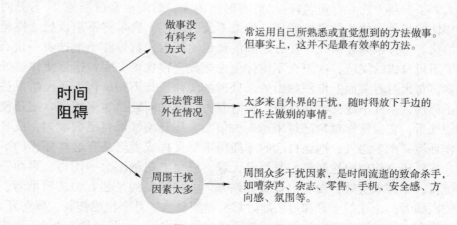

图2-4　时间阻碍问题

2. 时间管理的理论方法

（1）备忘录型时间管理

第一代时间管理理论是备忘录型，其主要目的在于提醒人们切勿遗忘，管理工具为简要的备忘录及查核表。这种时间管理一方面主张顺其自然，另一方面也会追踪时间的安排。备忘录管理的特色就是写纸条，这种备忘录可以随身携带，忘了就把它拿出来翻一下。一天结束，完成了大部分的事情，就可以在备忘录上划掉，否则就要增列到明天的备忘录上。备忘录型时间管理的优点是：重要的事情变化时应变力很强，顺应事实；没有压力，或者压力比较小。备忘录型的管理便于追踪那些待办事项。其缺点是没有严整的组织架构，比较随意，所以往往会漏掉一些事情，忽略整体性的组织规划。

（2）记事本规划时间管理

第二代时间管理理论强调"规划与准备"，特色是记事本。这种管理方式的特点是制定时间表，记录应该做的事情，表明应该完成的期限，注明开会的日期等。第二代理论强调效率手册和日程表，其管理工具为工作清单。这种时间管理模式的优点是：追踪约会以及应该做的事情；通过制定的目标和规划完成的事情达成率比较高。缺点是：容易产生凡事都要安排的习惯，找不到思考的空间。

（3）ABC 分类时间管理法

究竟什么占据了人们的时间？这是一个经常令人困惑的问题。著名管理学家科维提出了一个时间管理的理论，把工作按照重要和紧急两个不同的程度进行了划分，基本上可以分为四个"象限"：既紧急又重要（如人事危机、客户投诉、即将到期的任务、财务危机等）、重要但不紧急（如建立人际关系、新的机会、人员培训、制订防范措施等）、紧急但不重要（如电话铃声、不速之客、行政检查、主管部门会议等）、既不紧急也不重要（如客套的闲谈、无聊的信件、个人的爱好等）。时间管理理论的一个重要观念是应有重点地把主要的精力和时间集中放在处理重要但不紧急的工作上，这样可以做到未雨绸缪，防患于未然。在人们的日常工作中，很多时候往往有机会去很好地计划和完成一件事。但常常没有及时地去做，随着时间的推移，造成工作质量的下降。因此，把主要的精力有重点地放在重要但不紧急这个"象限"的事务上是必要的。把精力主要放在重要但不紧急的事务处理上，需要很好地安排时间。一个好的方法是建立预约，建立了预约，时间才不会被别人所占据，从而有效地开展工作，如图 2-5 所示。

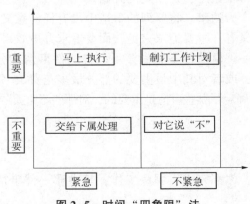

图 2-5　时间"四象限"法

（4）罗盘理论

第四代时间管理与以往截然不同，它根本否定名词"时间管理"，主张关键不在于时间管理，而在于个人管理。罗盘理论又称指北理论，将人的所有行动类似地比喻为罗盘之中的指针，人们在生活中每做出一个选择和决定就像是人拿着罗盘向某个方向走动一步，同样是走一步，罗盘的转动幅度为 0~180 度，它的转动角度告诉个体走出的这一步偏离"北方"多少度，转动幅度越大，说明方向偏离越大，离正北目标较前更远。罗盘理论被引入到时间管理之中，形象地说明生活中每一次选择和每一步行动都将导致个体是更加远离还是更加接近我们的目标。罗盘理论认为：与其着重于时间与事务的安排，不如把重心放在维持产出与产能的平衡上。罗盘理论的原则是以人为本，强调目标高于手段、效果高于效率。该理论认为，时间管理应该体现自然法则，即个体或组织的行动是否迅速、是否完美、是否有效率都不重要，重要的是行为本身是否接近未来的目标，个体或组织努力的方向是否正确。这种时间管理法超越了传统上追求更快、更好、更有效率的观念，它不是换一个时钟，而是提供一个罗盘，强调方向对是最重要的。怎么走，不是求快，而是向未来的目标接近。

3. 工作中具体的时间管理方法

①有计划地使用时间。不会计划时间的人，等于计划失败。

②目标明确。目标要具体，具有可实现性。

③将要做的事情根据优先程度分先后顺序。80% 的事情只需要 20% 的努力；而其余 20% 的事情是值得做的，应当享有优先权。因此要善于区分这 20% 的有价值的事情，然后根据价值大小分配时间。

④将一天从早到晚要做的事情进行罗列。

⑤每件事都有具体的时间结束点。控制好聊天的时间。

⑥遵循你的生物钟。你办事效率最佳的时间是什么时候？将优先办的事情放在最佳时间里。

⑦做好的事情要比把事情做好更重要。做好的事情是有效果；把事情做好仅仅是有效率。首先考虑效果，然后才考虑效率。

⑧区分紧急事务与重要事务。紧急事往往是短期性的，重要事往往是长期性的。必须学会如何让重要的事情变得很紧急，是高效的开始。

⑨每分每秒做最高生产力的事。将罗列的事情中没有任何意义的事情删除掉。

⑩不要想成为完美主义者。不要追求完美，而要追求办事效果。

⑪巧妙地拖延。如果一件事情你不想做，可以将这件事情细分为很小的部分，只做其中一个小的部分就可以了，或者对其中最主要的部分最多花费 15 分钟时间去做。

⑫学会说"不"。一旦确定了哪些事情是重要的，对那些不重要的事情就应当说"不"。

 【思政链接 2-2】

回想一下，上一周内，你都完成了哪些工作，其中哪一件事情最重要，你花了多少时间完成，是如何完成的。

【思考】如果走上工作岗位，你预想一下你一天的工作，如何安排时间？

任务三　有效控制情绪管理

微课：情绪管理

【案例 2-3】

有一个男孩有着很坏的脾气，于是他的父亲就给了他一袋钉子，并且告诉他，每当他发脾气的时候就钉一根钉子在后院的围栏上。第一天，这个男孩就钉下了 37 根钉子！慢慢地每天钉下钉子的数量减少了。他渐渐学会了控制自己的脾气。终于有一天，这个男孩不再乱发脾气了。

父亲又告诉他，现在开始每当他能控制自己脾气的时候，就拔出一根钉子。一天天地过去了，最后男孩告诉他的父亲，他终于又把所有钉子都拔出来了。父亲牵着他的手来到后院说：你做得很好，我的孩子。但是你看看围栏上的那些洞，这些围栏将永远不能恢复成从前。你生气的时候说的话就像这些钉子一样留下疤痕，不管你说了多少次对不起，那个伤口将永远存在。话语的伤痛就像真实的伤痛一样令人无法承受。

【结论】控制不了情绪，会造成不可挽回的后果。

【点评】人际关系取决于一个人情绪表达是否恰当。当我们把情绪毫无保留地发泄在周围人的身上时，那种和谐关系无形中就被破坏掉了，就好像是被打破的杯子一般，就算接合后也会有裂缝。倘若我们常在他人面前任由负面情绪决堤，乱发脾气，丝毫不加控制，久而久之，别人就会视我们为难以相处之人，甚至不再与我们往来。

1. 什么是情绪管理

情绪是个体对外界刺激的主观的有意识的体验和感受，具有心理和生理反应的特征。我们无法直接观测内在的感受，但是我们能够通过其外显的行为或生理变化来进行推断。意识状态是情绪体验的必要条件。

情绪是身体对行为成功的可能性乃至必然性，在生理反应上的评价和体验，包括喜、怒、忧、思、悲、恐、惊七种。行为在身体动作上表现得越强就说明其情绪越强，如喜会是手舞足蹈、怒会是咬牙切齿、忧会是茶饭不思、悲会是痛心疾首等就是情绪在身体动作上的反映。情绪是信心这一整体中的一部分，它与信心中的外向认知、外在意识具有协调一致性，是信心在生理上一种暂时的较剧烈的生理评价和体验。美国哈佛大学心理学教授丹尼尔·戈尔曼认为："情绪意指情感及其独特的思想、心理和生理状态，以及一系列行动的倾向。"

情绪管理，就是用对的方法，用正确的方式，探索自己的情绪，然后调整自己的情绪，理解自己的情绪，放松自己的情绪。简单地说，情绪管理是对个体和群体的情绪感知、控制、调节的过程，其核心是必须将人本原理作为最重要的管理原理，使人性、人的情绪得到充分发展，人的价值得到充分体现；是从尊重人、依靠人、发展人、完善人出发，提高对情绪的自觉意识，控制情绪低潮，保持乐观心态，不断进行自我激励、自我完善。情绪的管理不是要去除或压制情绪，而是在觉察情绪后，调整情绪的表达方式。有心理学家认为情绪调节是个体管理和改变自己或他人情绪的过程。在这个过程中，通过一定的策略和机制，使情绪在生理活动、主观体验、表情行为等方面发生一定的变化（图 2-6）。这样说，情绪固然有正面有负面，但真正的关键不在于情绪本身，而是情绪的表达方式。以适当的方式在适当的情境表达适当的情绪，就是健康的情绪管理之道。

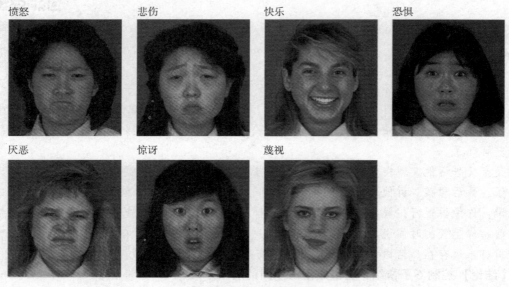

图 2-6 情绪的面部表情

2. 情绪的分类

人的情绪复杂多样，很难有准确的分类。《礼记》中把人的情绪称为"七情"：喜、怒、哀、惧、爱、恶、欲。近代西方学者认为人的基本情绪分四类：喜、怒、哀、惧。

人类的情绪数百种，其间差异细微，可以分成族：

愤怒：生气、愤恨、发怒、不平、烦躁、敌意、暴力

恐惧：焦虑、惊恐、紧张、关切、慌乱、忧心、警觉、疑虑、恐惧症

快乐：如释重负、满足、幸福、愉悦、骄傲、兴奋、狂喜

爱：认可、友善、信赖、和善、亲密、挚爱、宠爱、痴恋

惊讶：震惊、惊喜、叹为观止

厌恶：轻视、轻蔑、讥讽、排斥

羞耻：愧疚、尴尬、懊悔、耻辱

3. 情绪控制的重要性

有效的情绪控制可以使我们更加理性地对待工作，避免不必要的摩擦。特别在与客户接触时，你的行为代表着公司的形象。将情绪控制好，既对你自己有利，也对公司有利。有效的情绪控制是成功的润滑剂。

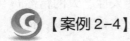【案例 2-4】

2006 年世界杯决赛，法国队率先进球并全场占优。如果照着这种势头踢下去，法国队就将获得世界杯冠军。法国队尽管在小组赛上磕磕绊绊，但进入淘汰赛后，在队长齐达内

的带领下众将一心，球队一路过关斩将，杀进了最终的决赛。这场比赛，也是皇马巨星齐达内职业生涯的最后一场比赛，比赛结束后他将正式退役。如果能够顺利地拿到世界杯冠军的话，这将会是最完美的一个结局了。常规时间，双方各入一球，比赛不得不进入加时赛。加时赛第 110 分钟，意大利后卫马特拉齐紧紧盯防着齐达内，手上还有着拉扯球衣的小动作。突然，齐达内头顶马特拉齐胸部，其他球员包括裁判在内都没有注意到，结果马特拉齐痛苦倒地了（图 2-7）。

图 2-7　齐达内顶人事件

由于马特拉齐对齐达内进行了语音挑衅，这让本就在按捺情绪的齐达内瞬间就爆发了，进而产生了震惊全世界的齐达内顶人事件。后来齐达内被红牌罚下场了，更导致了法国队错失了大力神杯。

【结论】情绪控制可以影响结果。

职业生活与情感生活分开：进入公司这种组织化程度很高的企业后，就不能根据个人情感的好恶来判断事物。举个例子，如果依你的个性、情感，很不喜欢你的上司怎么办？（请学员讨论）如果依你的个性、情感，可能很不喜欢某个领导，因此就不听他的，这是不行的。你服从他，不是服从他这个人，而是服从他这个岗位。这个岗位是管理你的，那你就应该听他的，不论你喜不喜欢他这个人。你对这个岗位的尊重是组织的需要，是这种职业本身的需要。你干好这个工作不是给别人干的，不是给你的老板干，是这个岗位本身要求你干的。你应该尊重这个岗位，不能因为受情感上的影响而导致你不能很好地履行你岗位的职责。（尊重你的岗位及你自己）

4. 如何进行情绪控制

【问卷 2】：扫一扫，动动手，完成一个问卷，根据评分评估自己的情绪控制能力

情绪涉及四个层面：心理感受、认知评价、生理变化、行为反应。

情绪管理就是指一个人在情绪方面的管理能力，相对地也对人的一生造成深远的影响。情绪管理是能调节正向情绪和负向情绪，需要掌握一些 EQ 管理技能和沟通技能。

问卷 2：评估自己的情绪控制能力

EQ 管理技能：

①发作慢；②舒缓压力；③面对逆境；④面对心情低潮；⑤包容力。

沟通技能：

①良好沟通；②积极倾听；③幽默；④拒绝的艺术；⑤赞美。

5. 情绪管理的方法

情绪管理见图 2-8。

（1）察觉自己情绪的方法

若要进行情绪管理，第一步就是要正确觉察自己的情绪，当我们产生情绪时，表示生活中有事件刺激而引发警报。与此同时，若我们能察觉到情绪的产生并认知情绪的种类，可以延缓情绪瞬间的爆发，并有针对性地管理。因此，我们要时时提醒自己注意："我现在的情绪是什么?"特别是当我们发现到自己情绪异常时，要特别警觉。

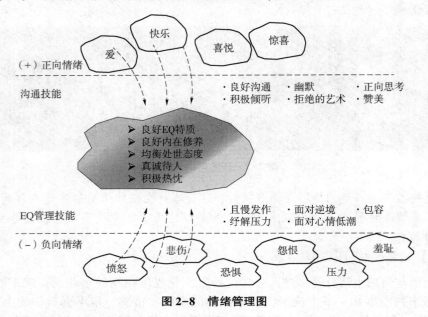

图 2-8　情绪管理图

（2）采取相应的行动

情绪如同潮水，有潮涨就有潮落。有人以为，在情绪冲动时等待其退潮一定是一件很难的事，一定需要巨大的毅力与意志。其实不然，在情绪的把握上有时甚至只需要短短的几分钟和很简单的几个行为。

所以，当情绪冲动时，只要我们懂得把握自己不采取行动，有时候，甚至只需要一分钟的把持，就可以避免许多的麻烦甚至不幸。

（3）学会自我调节情绪

什么是自我调控?

自我调控是营销人员心理素质的核心，主要包括主观能动性、自信力、社会适应能力、心理承受力、坚韧性和职业操守等，是营销人员在长期营销实践中形成的一种自我调节能力。

优秀的营销人员能够通过自我心理调整，形成良好的自我心性，从而激励自己树立远大的理想，制定切实可行的目标，以真诚、职业的态度为顾客提供服务，面对困难能够保持自信，以积极的态度去应对，并认真反思，虚心求教，使自己不是在挫折中消沉，而是在考验中成长。

如何进行自我调控?

①主动根据自己所处的销售环境，调整对自己的认知地图，控制自己对顾客的外显反应。

②能够在逆境中自立、自强，以平静的心态去寻找差距、追求进步。

③在销售中，很快发现自己心理素质的"短板"。

④不断提升自己以顾客为中心的营销理念，创造性地在顾客服务中运用销售技巧，努力钻研必备的知识。

⑤改进与顾客的沟通方式，改善沟通效果，使销售能力持续提高。

自我调控是营销人员心理素质结构中最能动的因素，也是对其他素质如顾客导向、销售技巧、知识储备、有效沟通能力进行评估和自我提高的原动力。

当顾客说"不"时，事情可能不会像想象的那么糟，我们对自己多提几个问题：

"我用心去了解顾客的需求了吗？"

"我的销售方式是不是过于急迫，忽略了顾客的真正感受？"

"我对产品是否有充分的了解？"

"我是不是搪塞了顾客的异议？"

"我向顾客阐述的东西是否足够清晰或容易理解？"

营销工作中，要清楚情绪来源于哪里，利用思维和意志有效干预，主动调整，努力克服不良情绪造成的影响。很多时候情绪起源的原因并不复杂，但是自己的执念影响了情绪，迫使自己陷入愤怒、低落、焦虑的负面循环。要学会尊重和接纳自身的情绪，做情绪的主人，调整不合理的期待，换一个角度去重新看待发生的事情。

 【思政链接 2-3】

上一个月你有没有遇到不开心的事，当时的心态下，你是如何继续学习、和同学正常交流的？

【思考】如果走上工作岗位，你接触多次的客户订单被同事抢走了，业绩受到影响，并受到领导的批评，你该如何面对？

任务四 培养敬业精神

微课：敬业精神

1. 敬业精神的必要性

在十八大报告所倡导的社会主义核心价值观中，敬业是一个针对公民个人行为的重要价值要求。具体地说，就是要求公民干一行爱一行专一行，努力成为本行业的行家里手。

爱岗敬业体现着时代对我们的要求。只有爱岗敬业，才能积极面对自身的社会责任和义务；只有爱岗敬业，对工作才会认真负责，不会敷衍塞责；只有爱岗敬业，才能促进我们自身不断完善提高。一个具有敬业精神的人，就会有一个博大胸怀，就不会"私"字当头，斤斤计较个人得失。一个具有敬业精神的团队，大家的注意力就会集中到工作上，人际关系就会和谐。"人心齐，泰山移。"这个团队就没有攻不了的坚，就没有克不了的难。

张桂梅是云南省丽江市华坪女子高级中学党支部书记、校长。她致力于教育扶贫，扎根边疆教育一线 40 余年，推动创建了中国第一所公办免费女子高中，2008 年建校以来帮助 1 800 多名女孩走出大山、走进大学。张桂梅身患多种疾病，但她坚守岗位，拖着病体坚守三尺讲台，用爱心和智慧点亮万千乡村女孩的人生梦想。2021 年 2 月 17 日，被评为"感动中国 2020 年度人物";2 月 25 日,荣获"全国脱贫攻坚楷模"荣誉称号;6 月 29 日,被党中央授予"七一勋章",如图 2-9 所示。

图 2-9　全国五一劳动奖章获得者——张桂梅

敬业是一个人对自己所从事的工作及学习负责的态度。道德就是人们在不同的集体中,为了我们集体的利益而约定组成的,应该做什么和不应该做什么的行为规范。所以,敬业就是人们在某集体的工作及学习中,严格遵守职业道德的工作学习态度。

作为社会主义核心价值观之一,敬业不仅是人类实践创造的基本内容和社会进步的重要动力,更是人类社会的重要美德。学习培育践行敬业精神,是实现中国梦的需要,是提升国民素质的需要,是优化社会风气、传播正能量的需要。

2. 什么是敬业精神

何谓敬,朱子解得最好,他说:"主一无适便是敬。"用现在的话讲,凡做一件事,便忠于一件事,将全副精力集中到这事上头,一点不旁骛,便是敬。

敬业,就是"专心致志以事其业",即用一种恭敬严肃的态度对待自己的工作,认真负责,一心一意,任劳任怨,精益求精。

敬业精神:敬业就是尊敬并专心致力于所从事的职业,且认识到这份职业给自己带来的是能力的体现和成功的喜悦。热爱自己的工作岗位,热爱本职工作,在工作中忠于职守,尽职尽责地完成本职工作的精神。热爱本职工作,只有爱上自己的职业,才会全身心地投入到工作中,才能在平凡的岗位上做出不平凡的成绩,

爱岗敬业要求我们每个人干一行爱一行。热爱本职工作,是觉悟和素质的体现。

敬业精神是人们基于对一件事情、一种职业的热爱而产生的一种全身心投入的精神,是社会对人们工作态度的一种道德要求。

敬业精神是一种基于挚爱基础上的对工作对事业全身心忘我投入的精神境界,其本质就是奉献的精神。具体地说,敬业精神就是在职业活动领域,树立主人翁责任感、事业心,追求崇高的职业理想;培养认真踏实、恪尽职守、精益求精的工作态度;力求干一行爱一行专一行,努力成为本行业的行家里手;摆脱单纯追求个人和小集团利益的狭隘眼界,具有积极向上的劳动态度和艰苦奋斗精神。

敬业精神的构成:

①职业理想:人们对所从事的职业和要达到的成就的向往和追求,是成就事业的前提,能引导从业者高瞻远瞩,志向远大。

②立业意识：即确立职业和实现目标的愿望。其意义在于利用职业理想目标的激励导向作用，激发从业者的奋斗热情并指引其成才方向。

③职业信念：对职业的敬重和热爱之心，表示对事业的迷恋和执着的追求。

④从业态度：持恒稳定的工作态度。勤勉工作，笃行不倦，脚踏实地，任劳任怨。

⑤职业情感：人们对所从事职业的愉悦的情绪体验，包括职业荣誉感和职业幸福感。

⑥职业道德：人们在职业实践中形成的行为规范。

3. 敬业精神的基本要求

（1）乐在工作

工作如果不快乐，当然就不会有敬业精神。

工作如果不快乐，工作态度就会越来越消极，就不可能有敬业精神。

工作如果不快乐，工作成为重担，工作成为苦恼、成为折磨，这样的话，想要敬业也敬业不来，想要对顾客笑也笑不出来。

（2）要敬业，更要专业

要成为一个优秀的营销人员，光有敬业精神是不够的，还需要有核心能力和专业技能。

刚入司的新人，就如一张白纸。欠缺经验，欠缺技能，有的只是年轻的资本。这个时候，就更需要有敬业精神，全心全意热爱工作，全身心投入工作，通过努力的工作不断提高自己的技能，做到"每天进步百分之一"。

如果长期坚持，即便不是聪慧过人之人，也能"笨鸟先飞"，一定能修炼出专业的工作技能，真正成为一名优秀的员工。

敬业精神的基本要求见图 2-10。

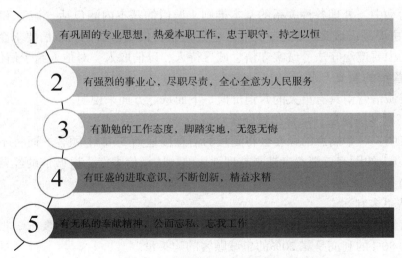

1 有巩固的专业思想，热爱本职工作，忠于职守，持之以恒

2 有强烈的事业心，尽职尽责，全心全意为人民服务

3 有勤勉的工作态度，脚踏实地，无怨无悔

4 有旺盛的进取意识，不断创新，精益求精

5 有无私的奉献精神，公而忘私，忘我工作

图 2-10　敬业精神的基本要求

总之，不管是敬业精神还是积极主动地工作，关乎的都是工作态度。

引用一句名言总结："一个人的思想决定一个人的态度，态度指导他的行为，行为培养他的习惯，习惯塑造他的个性，个性决定他的命运。"

【思政链接2-4】

你爱你的母校吗？你是用什么方式表达你的感情的？

【思考】 如果走上工作岗位，面对新的公司，你该如何了解公司，让公司更快地包容你呢？

任务五　遵守营销的前提——诚实守信

一诺千金是一个成语，最早出自西汉·司马迁《史记·季布栾布列传》。

一诺千金指许下的一个诺言有千金的价值，形容一个人很讲信用、说话算数；含褒义，在句中一般作谓语。"一诺千金"就是从楚人谚语"得黄金百斤，不如得季布一诺"而来的。原话是赞美季布重义气、守信用。后来这个成语用来比喻说话算数、有信用。

一诺千金反映的是诚信问题。成语告诉人们，一个人可以没有聪明才智，但不可以没有诚信的品格；一个人可以没有卓越的成就，但不可以有损害诚信的行为。诚信是人格的基础和精髓，是立身之本，是事业之根。"人无信，则无立。"所以一诺千金不管是在人们生活中还是事业上都充当着很重要的角色，做人就应该一诺千金，要不然不仅会失去朋友的信任，在事业上也不会有多大成功。

1. 诚信的基本内涵

诚信是我国传统道德中最重要的规范之一，是社会主义市场条件下，企业在从事生产、经营、管理活动中，处理各种关系的基本准则。诚信的基本内涵包括"诚"和"信"两个方面，"诚"主要是讲诚实、诚恳；"信"主要是指讲信用、信任。诚信要求企业在市场经济的一切活动中要遵纪守法、诚实守信、诚恳待人、以信取人，对他人给予信任。

2. 诚信营销的意义

企业开展诚信营销具有重大的营销价值。下面从三方面来说明。

（1）提高顾客满意度，培育忠诚顾客

有研究表明：一个满意的顾客会将满意的信息传递给5~8个顾客，而将不满意的信息传递给11个以上的顾客。消费者越来越理性成熟，选择信誉好、讲诚信的经营者及产品必将成为一种趋势。

（2）创造更多利润

诚信是营销的前提和基本原则，确立诚信原则是实现营销目标的要求。根据20/80的原则，企业的80%的利润是靠20%的忠诚顾客的购买量。

（3）提升企业竞争力

诚信是塑造企业形象和赢得企业信誉、提升企业竞争力的基石。

3. 营销中如何做到诚信

诚信是市场的黄金规则，市场经济愈发达愈要讲求诚信。企业可以从以下几个方面进行诚信营销工作。

（1）产品诚信

产品包括有形的实体和无形的服务，产品的质量是企业的生命，因此要求产品的性能、寿命、安全等指数都符合国家技术标准或行业标准。国内一些先进企业已经通过了 ISO 9000、ISO 14000 等质量认证。

（2）价格诚信

企业在定价及报价中应遵循诚信原则，避免利用价格欺骗消费者。企业产品定价应公开、公平，实行透明化原则。

（3）分销诚信

只有讲诚信的企业才能赢得更多的支持者（渠道成员），才能把产品分销到全国各地，再到用户手中。

（4）促销诚信

企业不能采用虚假的促销方式，如制作虚假广告，以欺骗手段诱导消费者购买等。

（5）服务诚信

服务应该加强诚信，尤其是售后服务中的诚信，如维修、保养、上门安装等。

【案例2-5】

随着网购行业的快速发展，产品质量参差不齐，售后承诺无法履行，打折促销活动先涨价再降价等诚信问题愈加凸显。对此，国内知名综合性网商平台××商城特别推出了关于补货和物流提速行动。

据了解，作为限时抢购的闪购类网站，××商城自 2011 年运营以来，公司规模以 150% 的速度增长，在春节期间，更是因订单量猛增及多个物流公司放假等原因造成货物积压。对此，××商城迅速反应，完成成都、武汉等分仓的建立，及时解决了用户关心的及时到货问题。同时，商城更是勇于承担责任，对没能及时收到产品的客户给予"100 元现金抵用券"的补偿，得到了广大用户的理解，用诚信和真诚，挽回了客户的真心。

××商城市场部杨经理表示，在电商竞争如此激烈的今天，微信、微博等自媒体加速了品牌的口碑化传播，更须讲究诚信。只有诚信经营，企业发展才能走得更远，走得更稳。

【思考】 诚信给企业带来了哪些优势？

4. 销售员如何做到诚实守信

在销售行业，只有做到讲诚信，让客户信任你，客户才会放心地购买你的产品，因为只有讲信用的销售员，才会有责任心，将客户的利益放在心上，也才会做到前后一致、言行一致、表里如一。相反，如果销售人员不讲信用、前后矛盾、言行不一，客户则无法判断他的行为动向，不愿意和这种销售人员进行交往，这样的销售人员自然也没有什么魅力可言。

因此，诚信是成功进行推销的一个基本因素，因为没有人愿意和不讲信用的人打交道，也就更谈不上什么交易关系了，所以，销售人员在进行口才展示时，务必要注意这一点，要不断地去表达"信用"，强调"信用"，特别是在熟悉的客户面前，这种信用更是成功销售的催化剂。

信用既是无形的力量，也是无形的财富。在销售工作中，更是能体现这句话。信用有了保障，诚信就毋庸置疑。

那么，销售人员在工作中，如何才能做到诚实守信呢？

（1）真诚地和客户交谈

真正的口才，并不是口若悬河、滔滔不绝，尤其是在与客户初次接触的时候，客户一般都对销售员心存芥蒂，你越是想表现自己，越让客户觉得可疑度高。其实，你不妨诚恳、清晰地表达你的观点，话语不可过多，注意说话方式，诚实、中肯地说话，就能让客户感觉你是一个可信之人。

（2）诚实对待客户

在销售行业，一个出色的销售员不是完全靠口才堆积成绩的，而是靠信誉、靠人品，在如今企业用人的标准中，品德第一，能力才是第二。销售员在推销产品时，一定要从客户需求和利益角度出发，真诚地为客户服务，决不能欺骗客户，更不能有半点虚假或者夸大其词。

（3）大方地面对产品的缺陷和不足

任何产品都不可能十全十美，比如包装、价格等方面，只是要看这些缺陷和不足有没有对客户造成困扰和影响，有些不足可以忽略，有些则不可以。销售员在推销产品的时候，一定要诚实地跟客户说清楚，不然等到客户找上门追问的时候，就不好回答了。

 【思政链接2-5】

上课你有迟到过吗？有没有你和朋友约会时，朋友突然不来的情况发生？当时你有什么想法？

【思考】：如果走上工作岗位，公司制定了详细的规章制度，你该如何面对？如果在工作中，你对客户有了许诺，但情况有变，你该如何兑现自己的许诺？

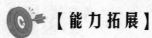 【能力拓展】

技能训练：营销素养拓展训练任务书

营销素养拓展训练任务书

一、市场调查与分析模块

调研企业：商业街与宿舍楼

1. 训练目标与要求

（1）训练目标

通过营销素质拓展训练，使学生一方面锻炼自我激励、适应能力、学习能力、时间控制能力、情绪控制能力、敬业精神、诚实守信；另一方面培养学生的交际能力和团队合作精神。

（2）实训要求

①认真实训，培养良好的工作习惯。

②听从指导教师的安排。

③团结协作，齐心协力搞好实训。

④能独立完成实训任务。

⑤遵守制度要求，按时完成实训作业和实训报告，上交指导教师。

⑥遵纪守法，敬业爱岗，具有良好的职业道德，严守保密制度。

⑦实事求是，工作认真，精研业务，尽职尽责，具有团队精神。

2. 实训形式与步骤

（1）实训形式

我们主要采用团队挑战形式：这些项目使一个小组作为整体面对各种挑战。这些项目的目的在于，促进小组成员之间的相互作用。在小组需要提高信任、支持、人际关系来克服某种困难时，这种活动极有成效。进行的活动是一系列相关或不相关的事件，在进行过程中有许多障碍。经历的每一个事件都要进行讲解，使小组逐渐接近最终目标。具体来说本训练以小组为单位（3 人/组），每一小组选出小组长，负责协调小组实训，要求小组成员相互协作，共同完成任务。

（2）实训步骤

①结合电信服务与管理营销专业相关课程及知识点，所有学生共同现场调研设计营销调查问卷（商业街与宿舍楼，帮助电信运营商了解市场情况），最终形成比较满意的调查问卷。

②将大家共同设计好的调查问卷复印，并分发给每个小组，每小组负责 3 份问卷。

③将调查场所选在学校内部（商业街和宿舍楼），要求学生在半天的时间内完成调查活动。并要求学生在向被调查者进行提问的同时，了解掌握电信用户的情况。

④将各小组调查的问卷集中到一起，并通过相关软件和方法，将问卷的内容进行统计与整理并给出调查报告。

二、市场调查模块

调研企业：商业街运营商（电信、移动、联通）

（1）实训项目介绍

了解、分析学校运营商市场规模。

（2）任务

①经过调研，摸底各大运营商在学校的建设规模；

②掌握宽带用户数量、分布；

③掌握校内手机用户数量、分布；

④了解主流话费业务套餐，用户使用套餐分布。

三、客户调查模块

调研企业：商业街各商户，宿舍楼用户

（1）实训项目介绍

对用户使用宽带、手机的套餐，以及使用费用、信号、运营商的选择等做调查。

（2）任务

①以小组为单位进行调研，全程录像，记录过程；

②市场促销地点选择；

③消费者角色分析。

四、调查成果汇报模块（心理承受能力、表达能力训练）

实训项目介绍：课堂汇报调研结果，培养学生语言表达的能力。

①以小组为单位，剪辑调研过程视频（5 分钟）；

②汇报人汇报（5 分钟）。

任务评价

考核要求见评分标准。指导教师根据学生在实训过程中的完成情况以及实训态度进行过程考核和形成性考核相结合评定成绩。

等级：

优：90 分以上。严格遵守纪律，认真实训，实训完成情况很好。

良：80~89 分。遵守纪律，态度端正，实训操作完成情况较好。

中：70~79 分。遵守纪律，态度端正，实训操作完成情况一般。

及格：60~69 分。实训较认真，基本完成实习操作。

不及格：60 分以下。不遵守纪律，未及时完成实训作业。

项目小结

本项目主要介绍了作为 ICT 营销师应具备的基本素养，作为 ICT 营销师核心工作就是建立和维护好与客户之间关系，良好的客户关系可以有效促进公司营销口碑的提升和业绩的增长。通过了解客户需求，调研用户对系统架构、平台、新技术应用等方面的需求，到技术方案的确定，投标文件的制作，一直到参与投标及项目的最终确定，整个过程都是营销师代表公司和客户进行交流和沟通。因此营销师身上具备的营销素养能力，成为决定营销活动成功的内在因素。本项目通过学习管理训练、时间管理训练、情绪管理训练、培养敬业精神训练以及诚实守信训练，综合提升营销素养能力，为后期营销活动的开展打下坚实的物质基础。

思考与练习

【案例分析题】

刘明，28 岁，通信技术专业大专毕业，是一家通信设备营销企业的业务员，从业时间一年多。

一天，营销总监把他叫到了办公室说："刘明，来到公司快一年了，你的业绩还不错，水平也提高了不少……"没有等总监说完，刘明急着说："头儿，有什么事你就说吧，我这个人性子急。"

"啊，是这样，海南那边的市场一直没有打开，明明有市场，可是咱们公司的产品就是卖不动，想来想去，还是想让你去那里试一试。"

"行！什么时候开始？"刘明没有思考就应承了下来。

"如果你同意，明天就可以出发。"总监很高兴地说："你尽管放心大胆地干，干成了你就是海南的区域经理，即使干不成公司也不会责备你。"

从总监办公室出来，同事叫住了刘明："阿星，总监对你说什么了？"

"让我去海南。"

"啊？去海南？你是吃错药了还是大头了？你知不知道咱们公司派去了好几个人过去都是乘兴而去、败兴而归？咱们的总监大人不信邪，到那里住了三个月，现在不也是不了了之，公司原来在海南是有代理商的，由于种种原因，代理商把我们的产品当成了摆设，基本上没有什么销量。"

刘明没有选择退却，而是接受了挑战，经过一个多月的地毯式调查摸排，认真学习了海南市场中的产品应用，刘明终于找到了代理商不营销他们产品的原因。通过两个晚上的挑灯夜战，刘明总结出了一套新的方法、新的合作模式，电话与总监沟通后，总监很赞成，并说如果这套办法可行，可以在所有区域推广。初期也碰壁不少，遇到客户不信任，客户的过多要求，刘明耐下性子，一一走访调研，了解客户的真实需要，找出自己产品的优势。经过多次的协商与调整，终于皇天不负有心人，新方法经过和代理商之间两个多月的磨合，终于大见成效。半年的时间完成了全年的营销任务，而且销量比原来三年销量的总和还多。

刘明被评为公司年度"市场之星"，不仅用一年的时间使月收入达到了 5 位数以上，还被任命为海南区域业务经理。

上述两个案例中的两个人的最本质区别是什么？你认为从刘明身上能看到哪些营销人员的素养？

模块三

挖掘客户需求

　　客户的需求往往是多方面的、不确定的，需要我们去分析和引导，很少有客户对自己要购买的产品形成非常精确的描述，也就是说，当我们和一位客户面对面时，就算他对我们的产品有了极大兴趣但仍然不知道自己将要买到的产品是什么样的。在这种情况下，需要增强与客户的沟通，对客户的需求做出挖掘。

知识目标

- 了解需求含义和来源
- 掌握如何挖掘客户需求
- 掌握顾问式销售基本概念
- 掌握 SPIN 话术

技能目标

- 认识客户需求的含义
- 掌握 SPIN 销售流程
- 熟练运用 SPIN 销售话术挖掘客户需求
- 熟练运用 SPIN 提问技巧进行有效提问

为什么需要挖掘客户需求

【项目导读】

在我们销售工作开展过程中，我们经过自己坚持不懈的努力，与客户建立了良好的客户关系，当我滔滔不绝给客户介绍完产品特色、解决方案如何完善，但是在问到客户有什么需求的时候，经常得到的回复是"我们目前没有这样的需求"，遇到这样的问题，我们该怎么解决？通过项目一的学习与练习，我们将学习挖掘需求的意义，掌握顾问式销售的基本概念，重点掌握并运用 FABE 法则进行实践。

【任务引入】

我们在日常销售过程中，经常会听到销售队伍里有人抱怨"我们的客户不需要""我们的客户没有钱""客户说要等一段时间"，等等一些无法开发和征服客户的声音，根本的原因是不了解客户的真实需求。商务代表在销售时漫无目的地向客户介绍或者演示产品，结果徒费口舌，不但没有把自己产品的特色向客户阐述清晰，还误导了其他的商务代表，致使整个销售队伍萎靡不振，不去主动地开发客户，只在消极应对工作。事实上，成功地销售不是去说服客户，而是对客户的需求作出最精确的挖掘，根据挖掘出来的需求然后再选择和解释产品。一般情况下，产品销售成功的概率取决于消费者的需求和产品的结合程度，所以我们的关键是把握客户的真实需求，按照客户的需求来对门户产品的内容、功能进行组合设计，提供给客户一件最适合的产品。但是，了解客户的需求是长期而深入的工作，然而对客户的需求可以由商务代表一步步挖掘出来。我们要通过以下任务进行一步步学习。在开始具体任务分解之前，先来了解几个基础知识。

【相关知识】

1. 需求的内涵

需求是因理想状况与目前状况的差距而产生，差距越大，需求也就越高，客户做出采购决定的可能性越高（图3-1）。

因此，客户的需求可以定义为：客户由于对现状的不满而产生改变或提升现状的欲望。客户的需求可以分为服务需求、产品需求、沟通需求、渠道需求、价格需求等。

微课：什么是需求

57

微课：为什么要挖掘客户需求

 微课：需求的来源

图 3-1 需求的定义

往往需求产生的原因有两种：

第一种，现状比较糟糕，也就是出现了问题，这个问题不解决掉会带来麻烦。比如，总不能准时供货带来客户投诉和流失，现在设备陈旧带来了生产效率低，运营成本高，人员流失率居高不下使得招聘成本增加。

第二种，现状还可以，但是对未来有着更美好的憧憬。比如，已经做到了区域的龙头企业还想向全国一流靠拢，已经做到了中国市场的老大还想向世界进军，政绩好的还想更上一层楼。

正如"千军万马过独木桥"般的公务员考试，芸芸考生也分为上面两种情况。有的考生，大学毕业后无法找到工作，生活窘迫，生存压力巨大，迫切需要考上公务员，来改变自己的命运，这种人属于第一种情况。第二种情况的考生，虽然本身已经有着一份不错的工作岗位，收入不菲，但是因为不是自己感兴趣的岗位方向，想要通过公务员考试更换一份自己热爱又体面的工作（图 3-2）。

图 3-2 需求产生的原因

这里指的差距不是客观差距，而是客户认为有差距，客户觉得没有差距就没有需求。

需求分为明确需求（也称明显性需求）和隐含需求（也称隐藏性需求）：

①明确需求是客户知道自己需要什么，对供应商提出明确的要求。

②隐含需求是指客户对于现在不满，有了改变的想法和冲动（有时候这个想法可能并不明显）。

如果是大客户，销售发现客户的隐含需求比明确需求更重要，因为这时竞争是最小的，你引导客户进去明确需求，自然占据领先优势。

2. 挖掘客户需求的原则

客户的需求往往是多方面的、不确定的，需要我们去分析和引导，很少有客户对自己要购买的产品形成了非常精确的描述，也就是说，当我们和一位客户面对面时，就算他对我们的产品有了极大兴趣，但仍然不知道自己将要买到的产品是什么样的。在这种情况下，需要增强与客户的沟通，对客户的需求做出挖掘。

挖掘客户的需求就是指通过买卖双方的沟通，对客户购买产品的欲望、用途、功能进行逐渐发掘，将客户心里模糊的认识以精确的方式描述并展示出来的过程。当然，在进行客户需求挖掘时要注意从不同的角度和侧面来分析，不妨注意以下几个原则：

（1）全面性原则

对于任何已被列入客户范畴的客户，我们要全面挖掘其几乎所有的需求，全面掌握客户在生活中对于各种产品的需求强度和满足状况。之所以要全面了解，是要让客户生活中的需要完整地体现在你的面前，而且根据客户的全面需要分析其生活习惯、消费偏好、购买能力等相关因素，更为重要的是这种"以全概偏"的了解往往会迷惑客户，刻画商务代表关心客户、爱护客户的经典形象。

（2）突出性原则

时刻不要忘记商务代表的第一要务是为公司销售产品，帮助客户满足需求。所以，要突出产品和客户需求的结合点，清晰地挖掘出客户的需求，必要的时刻要给客户对本产品的需求形成一个"独特的名称"。

（3）深入性原则

沟通不能肤浅，否则只能是空谈。对客户需求的挖掘同样如此，把客户需求的挖掘认为是简单的购买欲望，或者是单纯的购买过程明显囿于局限，只有深入了解客户的生活、工作、交往的各个环节，才会发现他对同一种产品拥有的真正需求。也就是说，要对客户的需求作出清晰的挖掘，事前工作的深入性是必不可少的。

（4）广泛性原则

广泛性原则不是对某一个特定客户需求挖掘时的要求，而是要求商务代表在与客户沟通中要了解所有接触客户的需求状况，学会对比分析，差异化地准备自己的相关工具和说服方法。

（5）建议性原则

客户不是我们的下属，所以他们是不会接受命令的，当然我们也不可能这么做。在客户需求的挖掘过程中同样如此，客户所认同的观念跟我们或多或少存在一些差异，所以对客户的需求要进行挖掘只能是"我们认为您的需求是……，您认同吗？"

3. 挖掘客户需求的八项工作

注重对客户需求的分析，不仅是从其需求的综合层次而且是从产品的特质出发，在挖掘的过程中，做好以下八项工作：

调查——这是产品销售和需求挖掘基础。

充分的调查是掌握大量信息的可靠渠道，而调查工作一般都是事前开始，运用各种工具或各种关系、采用各种方法具体详细地掌握客户的静态和动态信息。需要强调的是，调查决不要在正式接触之前就已经结束，或者说，调查到达一定的程度时我们就可以开始与客户沟通，在双向信息流动的同时继续丰富对客户需求的把握。

分析——分析研究所得既定资料和信息，是科学界定需求挖掘的重要环节。

其中的环节就是要我们去伪存真、去粗存精，并根据客户的自身状况，包括工作性质、环境、同事关系、家庭环境、亲朋关系、事业发展状况等来科学地研究其需求的变化趋势。掌握趋势，在沟通时就能站在更高的角度和客户讨论。此时的我们是客户眼中的专家，使他发现并满足自身需要的顾问。

沟通——这是挖掘客户需求的关键。

我们必须重视这个环节，事前要设计好相关的沟通内容、沟通方式和引导客户的具体问题、手段等。其实，沟通的过程还要重视的是在什么样的环境下沟通的问题，如果是单纯的拜访客户，估计很难挖掘其真实的想法。因为在接受商务代表的拜访时，客户都处在高度戒备的状态中，时刻提防，所以一般很难敞开心扉。所以沟通的关键是环境，越是非正式的环境，对于挖掘客户的需求越有利。

试探——试探是在有了对客户需求的基础性认识时进行的归纳总结，并形成一定的规律性话语和结论。

对于商务代表来讲，主要的工作是要大胆讲出你为客户形成的定义，试探你对客户的分析和沟通结果是否充分掌握。所以，假如你是一名行业门户的商务代表，基于对客户需求的认识，你就应该试探性地总结客户需要的是什么，真正的商务代表往往这样打动人："＊总，所以你的困难就是产品销售市场信息不太通畅、行业知名度的提升很慢，这样一来你再看看我们来合作经营行业门户能否帮助到你?"

重复——无论客户对于试探性的总结认同与否，我们都要重复客户自己的回答。

这是表明对客户的尊重，更是为自己强化客户需求的印象，并根据最新的印象和继续的沟通修正自己的挖掘。重复一次，买卖双方就强化一次印象，就拉近一步距离，就明确一层需求，就取舍一份信息。对于上面的试探，如果对方否定，你应该重复："您还是有一些担心合作的问题，对吧?"如果对方肯定，你也应该重复："您是说有一定的帮助，是吧?"

确定——商务代表不能永远跟着客户的思想走。

当你有充分的认识，已经基本克服了前述环节的障碍时，请大胆、无疑地确定下来，明确地告诉我们的客户"你现在所要的就是……"，此时的犹豫和停滞只能是表明你不是专家，白白丧失了销售的大好机遇。

展示——清晰的挖掘需要有清晰的认识，尤其是视觉化的形象出现。

客户得到需求其实就是获得一件能满足自己需要的产品，展示我们的样品就成了顺理成章的步骤。注意，你所展示给客户的只是样品，要告诉客户如果满意就说明我们的沟通是成功的，如果不满意需要的就是我们为他特别定制的产品。有很多人认为像行业门户这样的产品无法展示，事实上客户却最希望看到这样的展示。你需要做的就是打开自己或客户的电脑，找到我们的案例给他看。

等待——耐心同样是一件重要的事情。

客户决策是需要时间的，我们可以刺激、鼓励，但是也要耐心等待客户来承认自己的需要确实如此。客户的承认就是交易条件磋商的开始，就是讨论产品细节、费用交付具体问题的时候了。

【思政链接 3-1】

作为一线销售人员在销售过程中遭遇到各种挫折，我们需要具备什么品质迎接挑战？

【想一想】当我们的销售团队充斥着各种抱怨，当我们面对日常工作中的困难、挑战，我们该如何选择？我们在日常的学习和生活中，是否也同样遇到挫折与失败，是选择"躺平"、沉陷低谷、消极应对、萎靡不振，还是迎难而上、越挫越勇呢？

任务一　了解销售行为与客户购买行为

微课：什么是
顾问式销售

　　SPIN 模式是英国辉瑞普公司经过 20 年，通过对 35000 个销售对话以及销售案例进行深入研究并在全球 500 强企业中广泛推广的一种技术。而全球范围内流行的顾问式销售就是建立在 SPIN 模式上的一种实战销售技术，它包括难点问题、背景问题、暗示问题和需求效益问题。

顾问式销售主要用来解决大客户销售的问题：

（1）它可以使你的客户说得更多；

（2）它可以使你的客户更理解你说的是什么；

（3）它可以使你的客户遵循你的逻辑去思考；

（4）它可以使你的客户做出有利于你的决策。

以上这四点从表面上看起来很简单，但是，辉瑞普公司却围绕这四点建立起一整套称为销售行为研究的科学体系，并且使其成为销售领域的一个核心的技术支撑点。

要想深入了解什么是顾问式销售技术，这就需要首先认识销售行为和购买行为及其关系。

任务分析：了解销售行为

表面上看，销售行为是一个混沌的过程，很难具体化，但是，可以运用质量控制的基本方法，使其量化、程序化和可监测化。

图 3-3 中的七步法看起来虽然都是非常主观性的方法，但是，这七步法在销售管理和销售行为上具有非常积极的作用，也具有很强的实用性，因此，一定要掌握已经量化的销售行为七步法。

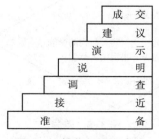

图 3-3　销售行为七步法

任务分析：认知购买行为

如果只是单纯地研究一个销售行为而不去研究购买行为，销售代表会发现整个销售无法和客户的购买行为相对应，而这种对应无论是在客户的决策中还是销售代表的决策中都是非常关键的。所以，了解销售行为的七步法之后，接下来就要认识购买行为的七个阶段，如图 3-4 所示。

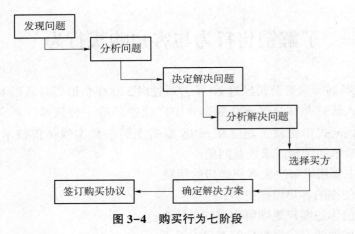

图 3-4　购买行为七阶段

购买行为的七个阶段都是围绕客户心理的，英国辉瑞普公司以这项研究的结果建立起它的 SPIN 模式的另外一个基础，即客户决策指导。

任务分析：区别销售行为与购买行为的差异

传统的销售行为和客户的购买行为之间存在很大的差异，这种差异源于认识问题的角度不同。正因为如此，如果使用传统的销售技巧，将很难迎合客户的购买需求，只会一步步陷入一种想当然的销售误区，而不利于提高销售水平。而顾问式销售技术则可以有效克服传统销售技术的弱点，使销售情况大为改观，越来越好。

1. 差异一（图 3-5）

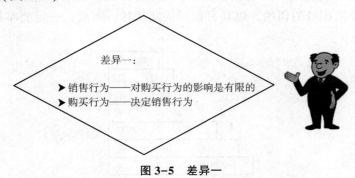

图 3-5　差异一

（1）对销售行为而言

销售行为对购买行为的影响是有限的。很多销售经理认为只要销售员努力去做，或者销售员把他的销售技巧发挥到极点，就可以产生很大的销售效率，并取得很多的定单。这种说法在某些情况下是可以理解的。

但是，对于新产品、新市场，或者一种全新的市场变化和波动，传统的销售手段和行为就存在很大的问题，会直接造成由于使用方法和手段导致的成本提升和市场机会的丧失。

（2）对购买行为而言

购买行为决定销售行为。很多销售代表过分地依赖于销售技巧，他有可能在某个行业、某个产品或某个阶段成功，但是，当他转行之后，一般会很不适应新的行业，因为原来的许多销售技术无法在新行业中使用。这是一种比较普遍的现象。

2. 差异二（图3-6）

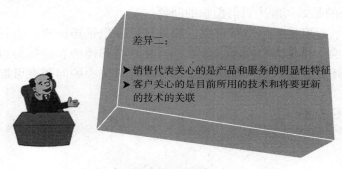

差异二：
- 销售代表关心的是产品和服务的明显性特征
- 客户关心的是目前所用的技术和将要更新的技术的关联

图3-6　差异二

（1）销售代表关心的是产品和服务的明显性特征

在销售过程中，很多销售代表习惯在客户面前介绍产品的特点、优点或者产品可能带给客户的一些简单利益。但是，一般来说，通过30分钟的会谈仍然很难打动客户或者让客户理解销售代表说话的真正内涵。同样，对于一种新产品或者一家新公司的产品来说，很多销售代表都受到了很多有关产品特征的培训，所以，在具体销售过程中，这些销售代表总是力图利用产品的特征与客户建立联系。

（2）客户关心的是目前所用的技术和将要更新的技术的关联

客户关心的是目前所用的技术和将要更新的技术的关联性。而销售代表关心的则是产品和服务的明显特点。这是二者非常重要的一个区别。

销售代表热衷于介绍产品特征，与此同时，客户关心的却是他现有的产品以及这些现有物品如何与新生物关联的问题。成功的销售人员能够将客户所关心的问题引导到他未来会关心的问题上，这是一种质的跳跃。实际上，市场上只有10%的销售代表才能完成这种跳跃。这里所介绍的顾问式销售代表恰恰就能完成这种有效的引导工作，而一般大多数销售代表都无法做到。

3. 差异三（图3-7）

（1）销售代表关心的是如何解决销售中的障碍

为什么销售代表更关心销售过程中遇到的障碍，而不是客户在选择或是理解他的销售

图 3-7　差异三

过程中的障碍呢？这是一个主动性或者是主观性的问题，这受它的环境所限。试想一位销售代表和他的经理更多讨论的是客户的情况，还是他在销售过程中遇到的阻碍的情况？大多数情况是后者。

（2）客户关心的是如何解决目前面临的问题

在销售过程中，经常能看到以下现象：如果你是一位销售经理，去看一位销售代表的整个销售过程，他会告诉你客户在考虑什么。当你直接和他的客户接触以后，你却会发现客户实际关心的并不是销售代表向你描述的那样，客户关心的问题有可能是连他自己都意识不到的一些问题。

4. 差异四（图 3-8）

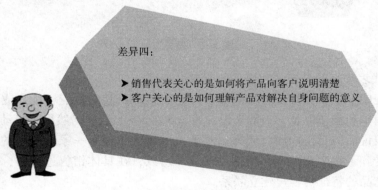

图 3-8　差异四

（1）销售代表关心如何将产品向客户说明清楚

产品说明演示是许多公司对于其销售代表的销售技巧的考评内容之一。在产品演示会上，每位销售代表都按照一个统一的模式很刻板地去描述产品。其实，在产品说明会上拿 100 分的销售代表，在销售产品的时候，成交率往往比那些在产品说明会上只能拿到 20 分或者 40 分的销售代表的成交率低得多。这正是传统的销售技巧遇到的一个很直接的挑战。

（2）客户关心的是如何理解产品对解决自身问题的意义

信息时代的到来，使越来越多的产品以更短的周期、更大的冲击力进入市场。销售代表讲清产品对于客户的意义，比讲清产品本身的特性，显得更有意义。尤其是对于客户影响非常大的网络产品和信息化产品，这一点更是至关重要的。因为引入这样的产品以后，客户部门的职能、界限及新产品的定位都要引用这些产品，这些产品对客户的意义就格外重大。

案例解析：把握销售机会点

【对话 A】

请看下面一段销售对话：

人物：S——销售代表　　　C——客户

S：请问贵公司是做什么行业的？

C：软件设计。

S：现在公司有多少人？

C：大约 40 人吧。

S：年销售额是多少？

C：2 000 多万元。

S：你们是通过什么方式销售产品的？

C：我们是通过代理商。

S：你们的竞争对手是谁？

C：你到底想干什么？

对于销售对话 A，可以一一分析，逐步找出什么是真正的"销售机会点"，因为只有把握好销售机会点，销售行为和购买行为才能真正实现双赢。

下面我们通过两位专家与销售总监对销售对话 A 的分析来了解什么是销售机会点。

【分析 B】

人物：M——马老师　　　S——某知名销售总监

M：据你看来，销售对话 A 有哪些特征性的东西？

S：销售代表强压给客户一些问题。

M：这是不是更多的是一种状况性的询问？

S：对。而这种状况性的询问使客户很难知道销售代表究竟在谈什么方面的主题，或者想达到什么样的目的。

M：那就是说实际上任何销售人员在销售过程中，最关键的就是要抓到销售机会点，对不对？

S：对。

M：销售机会点的产生是通过什么方式呢？

S：就是通过有效地提问，如果你不能有效地提问，简简单单地陈述你的产品，而是像发乱枪似的描述你的问题，客户就很难知道你的思维逻辑，或者不知道该如何根据你的思维逻辑去判断自己所考虑的问题。

M：什么是有效的提问呢？

S：有效的提问应该会给客户一种非常舒服的感觉，像刚才那段对话如果是初次见面，而不是在亲近的非常好的状态下，就会给客户非常大的压迫感。

M：这很可能让销售陷入一种困境？

S：对，有可能这个销售代表会被赶出去或者得到一些非常相反的不确定的回答。

M：刚才那段对话还有一个特征，它是在接近阶段。接近阶段重要的目的是引起客户的兴趣，他这样的问题也无法真正引起客户的兴趣。那么，提问的关键是什么？

S：客户非常关心的问题或者能够诱发客户兴趣的问题。

M：我们知道很多老的销售代表，在跟客户刚进行3分钟谈话的时候，明显比一般刚做销售的销售代表更有效一些，这是为什么呢？

S：我想主要是老的销售代表在和客户沟通之前，已经做好了非常充分的准备，做了大量的信息采集，这是非常重要的一点，也非常关键。

M：在你来看，在一次销售中，如果我不断地重复我的产品有什么优势，有什么特色，或者有什么强于竞争对手的市场政策，你会觉得真能促进成交的推进吗？

S：我觉得不能，因为首先要看你是在什么阶段论述这个问题，如果是在接近阶段，就根本谈不上产品跟客户的关联。所以，一个要掌握的核心问题就是要分清自己所处的阶段以及在这个阶段应该提出的问题，因为每个阶段和客户交流的问题都不同。

M：如果我们推销一个产品，发现这个产品是对客户有利的，而且也引起了客户的一些兴趣，但同时也发现了客户一些抱怨。你觉得我们可以将这视为销售机会点吗？

S：应该可以。

【总结1】什么是有效提问。销售的关键是想客户有效提问。漫无边际的询问只会使销售陷入困境，也根本无法引起客户的兴趣。提问的关键是问到了客户关心的问题。销售的机会存在于客户的回答中。单纯的陈述产品特征无法真正打动客户。销售代表及时发现了客户需求，但如果引导不当，仍可能失去销售机会。

【分析C】

M：什么是销售机会点？

S：销售机会点主要是从客户的不满、抱怨看到的。

M：你花费了多长时间认识到销售机会点是客户的不满和抱怨？

S：两三年的时间。

M：既然是这样的，我就会提醒现在的销售经理，当他们去面试销售代表的时候，一定要问他们"你认为销售是从什么时候开始的"？也许会有许多面试者会回答"只要我和客户搞好关系，只要我做好人际和公关工作就没问题了"，实际上，销售真正开始于客户的抱怨和不满。

如果销售代表注意到了客户的抱怨，也就是发现了销售的机会点之后，就马上用自己产品的特征向客户提供一定的方案。你觉得这样可行吗？

S：不行。

M：为什么？

S：因为从客户意识到存在的问题到客户决定解决存在的问题，中间还需要有一个过渡的过程。如果在他刚刚意识到问题存在的时刻就迫不及待地表明你有什么东西可以满足他，在这种情况下，他的思维会马上跳跃到你所提供的方案的复杂性以及你所提供东西的价格上，这样一来，客户往往会退却，而你的销售工作也会停滞下来。所以，即使你找到了机会点，也有可能又退回原地。

M：表面上看这个问题非常简单，但是，如果你长期做销售代表并且有领悟力，你就会发现，这个问题反映了普通销售代表和顾问式销售代表的差异。

技能训练

以上述案例为例，我们发现如果是一位普通的销售经理，在销售过程中，通过一定的经验积累能发现销售中存在的困难和抱怨，同时马上提供产品特征给予解决，往往所得到的结果并不如所期望的那样。那么，结合马老师（M）与某销售总监（S）的分析内容，我们围绕把握销售机会点和销售、购买的不同阶段分析下面几个问题。

①销售过程中的关键点有哪些？
②普通销售与顾问式销售的主要区别是什么？
③如果你是一名顾问式销售代表，你觉得你的首要工作是什么？
④如果是你，该如何将客户的隐藏性需求转化为明显性需求？
⑤销售机会点与销售不同阶段的关系？

【训练收获】

通过对任务技能训练，我们可以掌握销售机会点与需求的关系，以及销售机会点与销售不同阶段的关系。

客户陈述的机会点就是客户开始抱怨工作中的不满、难题、困难的时候。但是客户的不满、难题、困难并不是客户的需求。即使客户对你的产品和服务有需求，如果销售代表单纯地陈述自己的看法而不从客户的抱怨开始引导客户，销售代表得到的将是许多反论。销售代表必须有办法理解客户抱怨背后的真正原因才是真正开启销售机会的大门。这也是销售机会点与需求的关系。

需求与销售的不同阶段。

①准备阶段：销售代表只能根据产品的性能去假想客户存在的需求。
②接近阶段：向客户简单地陈述销售代表的产品带给客户一种利益。
③调查阶段：寻找客户的问题点，并将其发展成隐藏性需求，然后开发成明显性需求。
④说明阶段：客户的明显性需求与产品的利益联系。
⑤成交阶段：将产品的利益与你提供的解决方案进行关联。

任务总结

顾问式销售技术广泛应用于世界 500 强企业，与普通的销售技术相比，有其独特而不可替代的优越性。

在学习顾问式销售技术之前，我们首先要充分理解什么是销售行为、购买行为，销售行为和购买行为的差异以及销售成功的关键。通过对这四部分内容的学习，不仅可以深化对销售的认识，更可以初步体会到顾问式销售技术的优势所在。

任务二　掌握销售的基本概念

任务分析：明确问题点

本任务的问题点与关键点见图 3-9。

问题点：
以销售的解决方案为背景，在销售对话中发现的或引导的关于一般现象下存在的问题。

关键点：
　解决方案和产品关系
　销售或引导和客户关系
　真实情况VS表面现象的关系

图 3-9　问题点与关键点

问题点是需要学习的关于顾问式销售技术的第一个概念（图 3-10）。一般来说，在和客户会谈的过程中，客户很难直接说出存在什么样的问题，即使他愿意告诉，但也不知道如何来表述。

> "问题点"包括以下三个关键点：
> 　　解决方案和产品关系
> 　　销售或引导和客户关系
> 　　真实情况和表面现象的关系

图 3-10　"问题点"的三个关键点

通过一个例子来认识什么是问题点以及问题中的关键点，来认识为什么问题点对顾问式销售很重要。

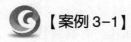【案例 3-1】

施乐传真机销售的问题点

施乐公司销售刚刚面世的传真机，虽然产品有很多优势，但始终不能打开市场。因为传真机价位很高，大约在五六十万元人民币，市场份额相对很小。施乐公司的销售人员将这种情况的问题点归结为两个：一是产品的成本太高；二是现代客户有许多手段可以替代传真机，例如电话、电报或者快速邮递。

针对销售不畅的实际情况，施乐公司请辉瑞普公司的产品专家来帮助考虑如何将传真机推向一个新的领域，打开市场。产品专家通过研究传真机的一些特性，发现传真机有3个非常重要的特性，这3个特性是当时市场上所有的通信工具和手段都无法替代解决的，即速递式、跨距离以及可以传送数据和文字。

【解决方案】

辉瑞普公司的产品专家根据传真机的3个特性到市场上去找必须使用这3个特性的客户以及必须用这3个特性来解决工作中难题的客户。很快发现了目标客户，那就是美国壳牌石油公司。美国壳牌石油公司在太平洋有很多钻井平台，他们每天要派直升机往返两次从钻井平台上采集与钻井采油相关的所有数据，再将这些数据通过一种特殊的方式传递到总部，由总部的专家来分析这些数据。可以想象用直升机每天往返两次到钻井平台，如果是10个钻井平台，就需要更多的直升机；其次，对于数据要从钻井平台传到海岸，又由海岸再传到总部，整个传递需要很长时间才能完成。于是，施乐公司根据这些情况向壳牌石油公司推荐了传真机。壳牌公司采购了将近1 000台传真机，这是施乐公司当时的一个非常大的订单。

【总结】

这就是如何通过发现顾客的问题点、了解客户的真实情况、引导和理解客户的现实，提供其解决方案的过程，最终产生了一个非常大的订单，引发了非常大的市场需求。这和一般的销售代表仅仅通过表面现象去发现问题点，或者仅仅通过一个问题点就进行强行的推销有本质的区别，当然也会产生绝对不同的效果。

任务分析：认知客户需求

需求见图3-11。

需求：
是由买方做出陈述来表达的一种可以由卖方满足的关心和欲望。
隐藏性需求：
　买方现在状况中的难题、不满或困难的陈述。
明显性需求：
　买方的欲望、愿望或行动企图的清晰的陈述。

图3-11　需求

对销售员而言，隐藏性需求和明显性需求是在销售过程中的一种判断标志，当客户没有完全陈述明显性的愿望、行动、企图之前，顾问式销售代表不能直接说明产品的定义。如果那样做了，有可能会对销售起反作用，因为客户并没有明显表态要采购某个设备，那样的做法只会让客户感觉到你是在向他推销产品，而不是做顾问，解决他的需求。

在销售过程中，经常会遇到这样的情况，那就是当发现了顾客的问题点，同时顾客也针对这个问题点和你做了比较深入的讨论并且提出很多抱怨和不满的时候，销售代表因为兴奋就提出了几种解决方案，面对这些解决方案，顾客马上提出一两个让你无法解决的反论。所谓反论就是客户对销售代表提出的解决方案的异议。其实，对于这些反论，销售代表可以通过将隐藏性需求引导到明显性需求的方式有效地避免，而不是通过一种简单的陈述来解决。

【问一问】

在销售谈判中，当销售代表在接近阶段提出一个解决方案时，客户马上提出了几种反论。面对这种情况，顾问式销售如何化解？

任务分析：了解客户利益

客户利益见图3-12。

利益：
是产品或方案可以满足由买方表达出来的明显性需求。
关键点：
客户表达出来的明显性需求
销售代表陈述的利益概念 VS 市场经理陈述的利益概念

图 3-12　客户利益

1. 利益是产品或方案可以满足买方表达出来的明显性需求

许多销售人员会混淆利益和好处这两个概念。例如，许多销售人员在推销一种新产品或者推荐厂家的一系列新设备的时候，经常会遇到很强的市场阻力，或者说找不到销售的方向。可是，在销售之前，销售人员一般会做一些销售准备，了解产品的特性，同时虚拟解决客户的一些问题，从而建立一个假设前提或者一种桥梁。一般来说，销售人员在销售过程中会用陈述的方式陈述产品的好处和优点，但这绝非利益。因为利益的产生首先要来源于一种探询的方式。因为利益是产品和方案可以满足客户提出的明显性的需求。如果客户没有提出明显性需求，就无所谓利益的存在，也就是说在销售过程中，如果虚拟桥梁的终点不是明显性需求，而仅仅是隐藏性需求，客户始终都不会明白他为什么要采购你的产品，这是利益在顾问式销售中非常关键的一点。

2. 利益的核心点在明显性需求上

如果客户没有表达出明显性需求，那么销售代表陈述的利益，或者跟客户根本不相干，或者连好处都没有，或者只是一般性的好处、一般性的特征，总之都只是泛泛的一些说法而已。

3. 市场经理和销售经理的区别

市场经理很多是产品经理出身，主要负责研究产品、对这个产品可能产生的心态和销售市场化行为；而销售经理基本是销售代表出身，主要研究如何实现从商品到现金的一种跳跃，研究的是一种具体的行为方式。

4. 利益是市场经理和产品经理的"黏合剂"

利益恰恰是二者的"黏合剂"，也就是说市场经理所设计的产品、产品特征以及将会带给客户的好处必须交给销售经理，销售经理去不断开发客户的需求，并将这种需求开发为明显的需求，然后才有可能实现利益。只有将销售经理直接和客户的需求连接起来，利益才不是一句空话。

总而言之，利益使市场经理和销售经理具有不同的任务和使命，市场经理负责研究产品的特征、形态，以及带给客户的好处，而销售经理则直接来完成这个好处与客户的明显性需求的关联，只有促使他们进行有效的配合，产品的销路才能非常好。

任务分析：熟悉购买循环

购买循环见图 3-13。

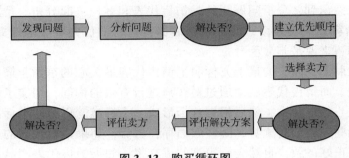

微课：顾问式销售
之购买循环

图 3-13　购买循环图

1. 销售代表的三个问题

购买循环实际上就是解决销售代表经常提出的三个问题。第一，如何去看透客户的心理。第二，销售中难道真的没有一种更有效的手段吗？也就是指销售代表想成交但是客户不愿成交的时候，销售代表该怎么办。第三，如何有效地引导客户朝着对销售代表有利的方面进行决策。这都是购买循环可以解决的问题。

2. 购买循环的六个步骤、三个决策点

（1）发现问题

一位客户在没有发现问题的时候，不可能进行购买，所以销售代表必须引导客户去发现他的问题。

（2）分析问题

当他发现问题后，并不意味着马上要解决这个问题。而是要帮助客户分析问题，分析问题的目的就是让客户来决策这个问题。

（第一个决策点）如果客户认为这个问题没有解决的必要，那么销售代表的销售即使已经到了成交阶段，也要恢复到最初阶段；当客户决定要解决这个问题的时候，销售代表就要帮助他建立优先顺序。

（3）建立优先顺序

也就是所谓的如何去采购、标准是什么、在什么样的条件下等。

（4）选择卖方

去选择卖方、厂商等。

（第二个决策点）当销售代表完成以上步骤时，客户才能做出决策，但是客户的决策绝对不是购买的决策，而是决定这件事情真正应该推动了。

（5）评估解决方案

当销售代表向上提交方案或是开始申请预算时，接下来涉及的就是评估解决方案。

（6）评估卖方

选择适合这个方案的卖方。

（第三个决策点）最后再决定这个问题是不是真的可以解决。

有了购买循环，销售代表可以很容易看透客户是按什么样的心理在进行思考，以及他的心理状态和购买状态在哪个阶段，如果销售代表理解了 3 个决策点的关键作用，销售代表就能知道在一个决策点没有完成的情况下，千万不要做下一个阶段的决策点工作。

在整个购买循环中，前 3 步是非常重要的，尤其是第一个决策点，特别是对高价产品而言。高价产品最好从发现问题开始就和客户接触，这个发现问题是指销售代表发现了问题，而购买方的客户还未意识到，分析问题指的是销售代表和客户一起分析。帮助客户分析问题的过程其实就在给客户灌输很多理念，包括后面要进行的优先顺序的建立，总之，第一个结合点对整个销售来说是非常重要的。

优先顺序就像一幅鱼刺图，箭头的最上方标明了销售代表最关心的东西，箭头最下方标明的是不太重视的问题。而销售代表就要通过对客户进行有效的询问，切实了解客户对一项采购最关心和不太关心的是什么，然后根据这个形成一个标准。再用这个标准反观自身，看看自己的产品在哪些方面最有优势，哪些方面存在劣势，如果销售代表的产品的优劣顺序和客户的需求顺序正好一致，自然会有很高的成交率。如果销售代表产品的优先顺序不符合客户的顺序，就要调整客户的优先顺序，让它符合销售代表的优先顺序，这样才有成交的可能。

优先顺序是可以调整的。也就是说，在整个销售过程中，无论销售代表遇到什么样的竞争对手，都可以通过优先顺序这个工具来参与竞争。

技能训练

例如，以买电视机为例，某企业客户在选择电视机最关心的有 3 个因素，分别是：①国际知名品牌；②具备画中画功能；③追求高质量的音质效果。你作为一个国产电视机公司的销售代表，你公司所生产的电视机没有画中画功能，但是音质很好。公司要求你签下这个客户，你该如何进行沟通？

建议：在这种情况下，你就要设法与这位客户进行沟通，结合上述所讲的购买循环中的决策点，最有效的方法是探寻这位客户建立优先顺序的原则，为什么要建立这样的优先顺序，这样你才有机会来真正地掌握和调整优先顺序，进而完成销售任务。

【思政链接 3-2】

在销售过程中，客户提出的利益越界，跨越红线时，我们应该如何保护自己，保护企业甚至国家的财产、信息安全？

【案例分析】 某系统集成商销售经理廖某，在日常销售过程中，经过与客户关键人王某多次沟通，王某提出作为本项目的客户关键人，他可以最终决定项目的合作单位，想要签约，必须要给他个人一些好处。廖某为顺利签约客户，廖某便与王某约定，只要王某在客户企业内部帮助廖某顺利实现签约，事成之后承诺给予王某 10 万元的酬劳。奈何东窗事发，廖某、王某均被各自公司开除，同时两人都将接受法律的相关处罚和制裁。

【想一想】 通过此案例，我们在销售过程中遇到客户提出这样的利益要求，我们应该怎么做？法律法规、遵章守纪是我们工作的底线，不能为了满足一己私欲损失企业甚至国家的利益，同时也要懂得保护好自己。

任务总结

顾问式销售技术的学习始于对几个基本概念的了解。所谓"万丈高楼平地起"，要想真正掌握顾问式销售技术，首先就要学好什么是问题点、需求、利益、购买循环以及优先顺序，初步了解了这些概念，会为以后的学习奠定一个良好的基础。

任务三 熟悉 FABE 法则

杰弗里·吉特默在其《销售圣经》中有段经典的话："给我一个理由，微课：FABE 法则告诉我为什么你的产品或服务再适合我不过了。如果你所销售的产品或服务正是我所需要的，那么在购买前，我必须先清楚它能够为我带来的好处。"什么是"好处"呢？在课堂上，我常会讲到这样一个故事。

案例解析：李子是甜的好，还是酸的好？

【案例 3-2】

一条街上有三家水果店。一天，有位女士来买李子，走进第一家店问："这儿有李子卖吗？"店主马上迎上前说："有有，我这儿的李子又大又甜，刚进的货，新鲜得很呢！"没想到女士听罢摇摇头，扭身就走。店主很纳闷：奇怪，我哪里得罪这位顾客了？

女士走进第二家水果店。店主迎上前，听说顾客要买李子，马上说："快进来，我这里的李子可多了，有大的有小的，有甜的有酸的，您要哪一种？""酸的。"女士回答，并愉快地付了钱，拎着一袋又酸又涩的李子走了。

过了几天，女士又来买李子了。第三家水果店的店主看到了，主动把女士请进了店里，问："女士，您是来买李子吧，我见过您，还买酸的吗？我这儿的李子够酸，您要多少？"女士愉快地准备掏钱，一切和上次情形相仿。可就在女士想买单走人时，店主有意搭讪道："一般人都喜欢甜的李子，您为什么要买酸的呢？"女士高兴地回答说："儿媳妇怀上啦，想吃酸的，我特意为她买的！""恭喜恭喜！"店主赶紧笑着道贺："儿媳有您这样的婆婆真是福气！不过孕期的营养很关键，李子只是满足口味，要抱一个又白又胖的宝宝，还得多补充维生素啊。您看，这猕猴桃是维生素最丰富的水果，要不选几个？"

结果，女士不仅买了李子，还拎了一袋进口的猕猴桃，以后更成了这家店的常客。

【总结】女士到底买什么？不是买李子，而是抱孙子！也就是说，客户买的不是产品本身，而是通过产品想要得到的一种结果，满足购买行为背后的真实动机。现在明白了，杰弗里·吉特默所说的"好处"，就是客户希望通过产品得到的一种结果。又如夫妻俩逛商场，妻子看中一套高档餐具，坚持要买，丈夫嫌贵不肯掏钱。导购一看，悄悄对丈夫说了句话，丈夫一听立马买单了。是什么理由让这位先生转变的呢？导购员对丈夫是这样说的："这么贵的餐具，你太太是不会舍得让你洗碗的。"答案：丈夫买的不是餐具（产品），而是轻松（结果）。

一个寻常的"买"字背后实则气象万千。女士要的是抱孙子，丈夫要的是不洗碗。回顾前面章节的久保田案例，张宏买的是挖掘机，但真正希望得到的是市场机会、竞争优势和运营效率等。显然，在交易过程中产品多半只是载体，客户真正买的是产品背后的这些结果，或称为"利益"，与当初客户的需求（购买动机）相连。把这一结论做成理论模型就是 FABE 法则，它告诉销售人员如何做好产品推介。

任务分析：深度解析 FABE 法则

FABE 法则在销售圈可谓耳熟能详。F（Feature）是产品特征，即属性，说明"它是什么"；A（Advantage）是产品优点，即功效，说明"它做什么"；B（Benefit）是产品利益，即带给客户的好处，说明"如何满足客户需求"；E（Evidence）是证明，即提供实证，激发客户购买欲望。FABE 法则书写这样一个真理：客户买的不是产品本身的特征或优点，而是产品带给他们的用来满足他们需求的利益。

微课：FABE
法则应用

销售人员在推介产品时应落脚在 B（即利益）上，这才是客户想得到的东西。要做到对症下药，前期的需求调查阶段十分关键。一旦洞悉客户的利益诉求，销售就能够让产品说话，知道从产品的哪个方面呈现特定的客户想要的结果。

【案例 3-3】

某快递公司下辖 100 多个快递员，给每人补贴话费 50 元/月，一笔不小的开支。为争取到这个目标客户，联通打出了"G39 后付费套餐"和"集团客户移网 VPN"两项产品，以期通过降低客户通信成本促成合作，但失败了。用 FABE 法则分析能够找出答案，如图 3-14 所示。

特征（F） →	优点（A） →	利益（B）
·集团客户移网VPN	·群内通话免费	·无（快递员间无须通话）
·G39后付费套餐	·被叫免单	·无（快递电话多为主叫）

图 3-14　FABE 分析法

既然无法省钱，利益为零，客户一定不会购买。有意思的是，数日后当联通的销售人员面对一家房产中介公司并同样打出了这两项产品，却一举成功。原因很简单，中介各门店的业务员间通话频繁，电话有主叫也有被叫，联通的产品方案确实能为他们省一笔钱。一样的套餐，不一样的结果，说明了客户到底买什么——不是套餐本身，而是省钱这个结果，即产品利益。利益有则买，没有则不买，与产品无关。

因此，FABE 法则反过来也为如何定位目标客户提供了方向——找到这些利益可惠及的更多潜在买家，比如，联通后来凭借这一组合套餐，在房产中介行业的业务合作做得顺风顺水。

关于特征、优点、利益的陈述在销售过程中对买方的影响，著名的美国销售研究机构 Huthwaite 在广泛的市场调研后有如下结论（见表 3-1）。

表 3-1 特征、优点、利益在销售过程中的影响

特征（F）	在销售早期对买方有消极影响，后期则几乎没有影响 在销售中期对复杂技术产品的销售有一定积极影响
优点（A）	在销售早期对买方有轻微下面影响，后期与特征相当 在销售中期随着销售推进，对买方的影响逐渐减少
利益（B）	在任何规模、任何周期的销售中都有正面影响 尤其当由买方陈述利益时，影响力更大

FABE 影响图解能更直观地描述特征、优点、利益对买方的影响（见图 3-15）。

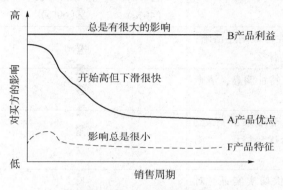

图 3-15 FABE 影响图解

无线商话（或称无线座机）一度是通信行业的明星产品，有着座机外形，实为无线手机（当然还有诸多附加功能）。采用无线商话的好处在于节省电话线路铺设的成本以及使用灵活。比如 2008 年北京奥运会，在各处场馆需要大量临时通信终端，导入无线商话就解决了大量的一次性投资。M 公司曾是这个行业的翘楚，在中国移动的一个无线商话项目中，经历了产品利益从无到有的转变，赢得订单。

技能训练：FABE 法则训练

FABE 法则训练：产品介绍三句半。选取一个熟悉的产品或者自我介绍，参照示例，结合 FABE 法则进行一次产品宣讲或自我介绍（图 3-16）。

图 3-16 FABE 法则训练

第一句：简单来说……

第二句：它特别适合……

第三句：使用它之后……

半句：举个例子来说吧……

任务评价

任务名称		FABE 法则训练			
序号	知识考核点	组长评价（40%）	教师评价（60%）	单项分值	实际得分
1	特征（F），属性特征阐述清晰，准确说明"它是什么"			20	
2	优势（A）优点特征明显，清晰阐明"它做什么"			20	
3	利益（B），对于带来的好处，讲解清晰，符合优势特点，"满足对方需求"			20	
4	证据（E），提供切实实证，对客户购买或者认知有帮助			20	
5	整体表达连贯，思路清晰			20	
FABE 法则训练总得分					
说明：单项分值指对于该项分值的总分，对于每一项组长评价满分等于单项分值×40%，教师评价满分等于单项分值60%，单项实际得分=组长评价分值+教师评价得分。组长评价指学生所在组组长对该学生的表现进行评分。教师评价是指任课教师对该学生的表现进行评分					

任务总结

通过几个具体的例子了解到什么是 FABE，更重要的是，学会了如何在销售中使用 FABE，只有充分兼顾了产品的功能、好处和利益，才能真正将销售推向成功。

微课：FABE 法则使用注意事项

解析顾问式销售

【项目导读】

这是一个销售为赢的时代。销售已大大超出原来职业的含义，而成为一种生活方式，一种贯穿和渗透于各种活动中的生活理念。销售能搞定客户是生存，让客户追随自己是发展。销售中可运用的战术也是变幻无常，但"心理战术"却是隐藏在所有战术背后的最根本力量。人人都想在销售这场残酷的战争中赢得滚滚财源，但是并非每个人都能真正懂得商战谋略。

每一位商场精英都必须掌握丰富的销售技巧用于面对形形色色的顾客，历经时间的沉淀、结合市场的发展，研究学者挖掘和整理并不断完善各种销售技巧，有没有一种快捷高效又适用我们这些初入商场的雏鹰呢？

【任务引入】

销售在日常生活中非常普遍，每个人脑海中都有销售的清晰画面。销售就是介绍商品提供的利益，以满足客户特定需求的过程。商品当然包括有形的商品及无形的服务，满足客户特定的需求是指客户特定的欲望被满足，或者客户特定的问题被解决。能够满足客户这种的，唯有靠商品提供的特别利益，也就是一种交易满足大家的共同的需求。

古往今来又有哪些销售技巧，我们所要讲的顾问式销售又是什么？它有哪些优势呢？

【相关知识】

1. 销售发展过程

中国有句俗话："习得屠龙艺，卖与帝王家"，《庄子·列御寇》："朱泙漫学屠龙于支离益，单千金之家。三年技成，而无所用其巧。"根据春秋时期的庄子先生的"屠龙术"这篇名文，当我们对这个故事进行解剖的时候，我们会发现，这句话其实和现代销售是何等相似：

产品：屠龙术
目标客户：帝王
销售模式：直销
市场机会：获得功名利禄、超值回报
市场威胁：没龙可杀

微课：传统销售
VS 顾问式销售

战国时期，商鞅曾对秦孝公说："国之所以兴者，农战也。农者寡而游者众，故其国贫危。其境内之民，皆事商贾，为技艺，避农战，如此亡国则不远矣"，从此可以看出中国文化的特质："轻商"。认为商是危机国家根本的行业。

随着商业的演变，到汉朝时，司马迁的《史记》也出现了《货殖列传》这样专门介绍的商人和商人故事的列传，这说明商业的影响之甚。如同一枚硬币的两面，既然有商业活动就必然伴生商业技巧或者销售技巧，这是竞争的必然。销售或者营销，用松下幸之助的话是说："所谓营销，就是卖得更好。"为了卖得更好，销售技巧就被总结出规律，以使后来者能获得站在前人的肩膀上远眺。

于是便有春秋陶朱公的所谓《商训》，理财致富十二戒：

勿鄙陋，勿虚华，勿优柔，勿强辩，勿懒惰，勿固执，

勿轻出，勿贪赊，勿争趣，勿薄育，勿昧时，勿痴贷。

这些东西，即使延续到今天这个时间维度，我们也可以说，它仍然对我们的销售有指导意义，比如说：勿鄙陋，实际上是要求我们提高自己，要善于包装；比如说，勿强辩，这几乎成为当代销售员人人遵守的一条戒律：强辩是你口头上战胜对手，但实际丢了客户的愚蠢行为。至于"勿昧时"，更是现代营销上说的：到什么山头，要唱什么歌。要求我们合乎事宜。

虽然中国古老的商业智慧比比皆是，但是如同中医和西医之泾渭分明，由于国民特性不同，同样的商业行为，中国人重情感、讲感觉，西方人重逻辑、讲科学。于是，同样一个项目，假设一个销售经理问及他的销售员，项目跟进的情况，那么大致的场景如下：

（1）中国传统式的销售员

领导问：小李，某某厂的那些项目跟进如何？

小李：很好，我和客户谈得很好。

领导问：有多大的把握能拿到这个单子？

小李：客户的领导和我聊得非常好，我感觉有戏。不出意外的话，我们应该能成功。

（2）培训过的采用西方销售技巧的销售员

领导问：小李，某某厂的那些项目跟进如何？

小李：很好，我们在接近成功，因为我们现在已经把拍板人也拿下了。

领导问：有多大的把握能拿到订单？

小李：75%，根据客户每个人的权重和我们获得的承诺，我们已经拿到75%的胜率，进入赢单区间了。

从上面的对话我们可以看出，中国式的销售重感觉。西式的销售重数据。因为重感觉，所以中国的商业技巧流传一般都是口诀式的、支离破碎的，不成体系的东一言西一语，比如"做生意，先做人"这样的口诀，这样的口诀表面上看完全正确，实际上却无法指导新手进行真正的销售技巧的提升。西式的由于注重数据，所以一些销售技巧能得以理论的形式发展、延续，我们能从中看出一脉相承的沿革，西式的销售技巧自古有之，但是提炼到规律、形成学科的，却是20世纪初，由于工业革命的爆发，生产力得到极大提高，生产产品过剩，市场也由生产观念转化变成为产品观念，这个销售的重心也是逐渐转移的：

生产观念→产品观念→销售观念→市场营销观念→社会责任营销观念

这个销售技巧也由单纯的以"产品"为诉求的"王婆卖瓜，自卖自夸"，转化为以客

户心理引导为主的 SPIN，IDEPA，KISS，GEM，等等。

在西方最早的销售技巧，就是所谓"结束语"式的销售话术，真正的以学科的形式呈现销售技巧的是俄亥俄大学在 1905 年在该校开设的第一门市场营销课，叫"产品销售学"，从此销售技巧也由五花八门各显神通的时代，进入科学总结、归纳、提高、传播的时代，1915 年更是成立了全美推销协会，但直到 1958 年，海英兹·姆·戈得曼的爱达销售模式建立，现代销售推销学才宣告进入一个新的纪元，意味着销售技巧由个人的主观感受感觉变成了可以模型化、固定化、流程化，这样可以使一个完全不懂销售的人，也可以根据这些销售模型立即进入工作状态。80 年代 SPIN 销售模型的创立，则使销售技巧进入一个新的领域。50 年代的美国的销售技巧爱达模式也好、埃德帕也好，其实都是建立在客户本身的研究，而 SPIN 则将事业不仅仅关注客户本身，更关注客户的运营状态，SPIN 销售模型的创立，标志着现代销售由简单的"我的产品给你和公司带去的利益"，变成了"你的问题（公司问题，个人问题）我来提供系统方案来解决"的过渡。

下面是销售技巧的一些公认的模式。之所以称为模式，是因为他们在一定基数的客户调查基础上总结归纳的销售规律，具备普遍性。也就是说，它们是经过验证的普遍正确的。

（1）爱达销售模式

AIDA 模式也称"爱达"公式，是国际推销专家海英兹·姆·戈得曼（Heinz M. Goldmann）总结的推销模式，是西方推销学中一个重要的公式，它的具体含义是指一个成功的推销员必须把顾客的注意力吸引或转变到产品上，使顾客对推销人员所推销的产品产生兴趣，这样顾客欲望也就随之产生，尔后再促使采取购买行为，达成交易。AIDA 是四个英文单词的首字母。A 为 Attention，即引起注意；I 为 Interest，即诱发兴趣；D 为 Desire，即刺激欲望；最后一个字母 A 为 Action，即促成购买。

（2）IDEPA 模式

（埃德帕模式）IDEPA 模式是国际推销专家海英兹·姆·戈得曼总结的五个推销步骤，根据自己的推销经验总结出来的迪伯达模式的简化形式。其中：I 为 Identification 的缩写，意为把推销的产品与顾客的愿望结合起来；D 为 Demonstration 的缩写，意为示范产品阶段；E 为 Elimination 的缩写，意为淘汰不合适的产品；P 为 Proof 的缩写，意为证实顾客的选择是正确的；A 为 Acceptance 的缩写，意为接受某一产品，作出购买决定。

（3）GEM 推销模式

吉姆模式旨在帮助培养推销人员的自信心，提高说服能力。其关键是"相信"，即推销人员一定要相信自己所推销的产品（G），相信自己所代表的公司（E），相信自己（M）。

（4）费比模式 FABE

FABE 模式是中国台湾中兴大学商学院院长郭昆漠总结出来的。FABE 推销法是非常典型的利益推销法，F 代表特征（Features），A 代表由这特征所产生的优点（Advantages），B 代表这一优点能带给顾客的利益（Benefits），E 代表证据（Evidence），包括技术报告、顾客来信、报刊文章、照片、示范等。

（5）SPIN 销售模式

SPIN 销售法是尼尔·雷克汉姆（Neil Rackham）创立的。SPIN 销售法是背景问题（Situation）、难点问题（Problem）、暗示问题（Implication）、需求效益问题（Need-Payoff）的应用场景的询问、挖掘、利用，引导客户需求来实现销售成功的一个销售模型。

上面讲的主流的公认的经典销售模式，其实在今天一些野路的销售技巧也同样多如牛毛般存在，比如传销行业的 ABCT 推销法，比如中国通用的"三大俗三板斧"推销法，等等，可以说：水无常形，兵无定式，适合自己的才是最好的。这里我们所要讲的就是运用 FABE 法则，基于 SPIN 销售模式的顾问式销售。

2. 顾问式销售定义

顾问式销售，顾名思义就是站在专业角度和客户利益角度提供专业意见和解决方案以及增值服务，使客户能作出对产品或服务的正确选择和发挥其价值；同时建立了客户对产品或服务的品牌提供者的感情及忠诚度，有利于进一步开展关系营销，达到较长期稳定的合作关系，实现战略联盟，从而能形成独具杀伤力的市场竞争力。

顾问式销售是一种全新的销售概念与销售模式，它起源于 20 世纪 90 年代，具有丰富的内涵以及清晰的实践性。它是指销售人员以专业销售技巧进行产品介绍的同时，运用分析能力、综合能力、实践能力、创造能力、说服能力完成客户的要求，并预见客户的未来需求，提出积极建议的销售方法。

由于顾客的购买行为可分为产生需求、收集信息、评估选择、购买决定和购后反应五个过程，因此，顾问式销售可以针对顾客的购买行为分挖掘潜在客户、拜访客户、筛选客户、掌握客户需求、提供解决方案、成交、销售管理等几个步骤来进行。

作为现代营销观念的典型代表，顾问式销售有着现代营销观念的很多特征。现代营销强调买方需求，即通过产品与创意，传递产品和与产品有关的所有事情，来满足顾客需要。而顾问式销售的出发点也在于顾客的需求，其终结点在于对顾客信息研究、反馈和处理。在销售过程中，经销商在厂商和用户中起到桥梁作用，实现信息流的有效传递，一方面将厂商信息有效地传递给用户，另一方面，经销商作为产品流通中最接近消费者的一个环节，最了解用户需求，应该实现对用户需求的有效收集和反馈，及时地反馈给厂商。

一般说来，顾问式销售给顾客带来最大的好处就是使顾客在收集信息、评估选择和购买决定这三个过程中得到一个顾问，从而减少购买支出；同时，通过面对面的感情直接接触，给顾客带来情感收入。顾问式销售给企业带来的利益在于能够最大限度地引起消费需求，增加企业销售机会；同时让顾客产生好的购后反应。"一个满意的顾客是企业最好的广告。"因此，促进了企业的长期发展。顾问式销售使企业和顾客之间建立了双赢的销售关系。

顾问式销售贯穿于销售活动的整个过程。顾问式销售不是着眼于一次合同的订立，而是长期关系的建立。顾问式销售在实务中的应用，不仅要求销售人员能够始终贯彻以顾客利益为中心的原则，而且要求销售人员坚持感情投入，适当让利于顾客。这样，一定能够达到双赢效果，使公司的发展得到良性循环。

作为现代营销的最先进理念，开展顾问式销售对专业的销售人员也提出了一定的要求。对销售人员来说，销售就是一种职业生涯，是一种做人的挑战，是一种激烈竞争，是一种自我管理，所以专业的销售人员在力量、灵活性及耐力等方面要具有较高的素质。

3. 区别顾问式销售与传统销售

传统的销售模式比如上门推销、电话销售、会议营销、店面直销、自媒体营销、朋友圈营销等。传统模式的销售会存在以下几种弊病。

①上门销售、电话销售一对一销售效率极低，赚钱极慢。这种方式都是以推销和告知性销售为主，需要超强的应变和洞察能力。

②会议一对多营销邀约难、到场率低、会务成本高、转化低。会议营销已经存在几十年了，很多的流程和方式早已经被客户烂熟于心。

③店面销售的方式无法复制，无法预测，靠撞大运，守株待兔，靠天吃饭。旗舰店的样板打通之后，没有人员梯队进行替代，导致销售问题频出。

④自媒体营销内容生产门槛高，可复制性差。互联网时代是人才能力极度放大的时期，导致中小企业缺少尖端人才。

⑤朋友圈熟人社交关系透支干净。朋友圈的广告信息和夸大的产品功能让朋友和朋友的关系升级为熟悉的陌生人。

⑥乞讨式、逼迫式的销售尴尬；害怕销售、害怕成交，恐惧、不安。销售能力和销售技巧等多方面因素导致以上的情况。

顾问式销售与传统销售的区别是，对于产品角度上的不同，顾问式销售从传统销售的性价比关注上升到消费需求的关注；对于消费者的角度不同，传统销售遵循"顾客是上帝"的策略，而在顾问式销售中，消费者成了朋友；营销目的的角度不同。

顾问式营销是指站在专业角度和客户利益角度提供专业意见和解决方案以及增值服务，使客户能作出对产品或服务的正确选择和发挥其价值，在顾问式营销过程同时建立了客户对产品或服务的品牌提供者的感情及忠诚度，有利于进一步开展关系营销，达到较长期稳定的合作关系，实现战略联盟，从而能形成独具杀伤力的市场竞争力。

传统销售即传统营销模式，是绝大部分企业选择的营销模式，也是最普遍的一种营销模式。营销模式是指企业在未来时期，面对不断变化的市场环境，依据自身的资源和能力，通过满足市场需要而实现其营销活动目标的营运战略。

任务一　甄别顾问式销售提问方式

微课：顾问式销售
之提问方式分类

客户沟通通常有三种状态，一种是两人一见如故，所提内容不谋而合，最终实现双赢；一种是不受对方待见，"热脸贴上冷屁股"，对你爱理不理，你所面对的是对方的一脸冷漠；还有一种是对方既不热情，也不冷淡，相互你一言我一语聊着，我们归为同情。当然这三种状态里面，我们期望能和客户进行双赢的沟通，那么如何进行双赢的沟通呢？

实现双赢的沟通，是希望通过沟通，我们能够获取到对我们有用的信息。要获取到有用的正确信息，一方面学会从对方的角度去思考问题，另一方面掌握手机信息的两个重要方法：提问和聆听。

如何恰当提问？我们可以从这几方面着手！第一，寻找线索，挖掘细节，以构成清晰的图画。第二，确定讲话者的参照系统，以及需求、希望、担心。

任务分析：区别提问方式分类

顾问式销售过程中，我们经常会通过恰当的提问来挖掘客户需求，推进销售过程。结合销售过程中所处的阶段，通常会有不同的提问方式。常见的提问方式包括：开放型提问、封闭型提问、特定型提问、选择型提问、引导型提问、推测型提问、反问型提问、离题型提问。我们下面来一一介绍。

（1）开放型提问

开放型提问是销售技巧中使用的一种提问技巧，是指提出比较概括、广泛、范围较大的问题，对回答的内容限制不严格，给对方以充分自由发挥的余地。开放型问题常常运用包括"什么""怎么""为什么"等词在内的语句发问。让客户对有关的问题、事件给予较为详细的反应，而不是仅仅以"是"或"不是"等几个简单的词来回答。这样的问题是引起对方话题的一种方式，使对方能更多地讲出有关情况、想法、情绪等。

例如"你晚上准备吃什么？""这事为什么使你感到那么生气？""能告诉我，你是怎样想的吗？"等。

开放型提问最大优点是灵活性大、适应性强，特别是适于回答那些答案类型很多、或答案比较复杂、或事先无法确定各种可能答案的问题。同时，它有利于发挥被拜访者的主动性和创造性，让面谈对象感到自在，让面谈对象更感兴趣，使他们能够自由表达意见，提供丰富的细节，同时，销售经理可以收集被拜访对象使用的词汇，这能反映他的教育、价值标准、态度和信念。一般地说，开放型回答比封闭型回答能提供更多的信息，有时还会发现一些超出预料的、具有启发性的回答。

当然开放型提问也有缺点，就是回答的标准化程度低，整理和分析比较困难，会出现许多一般化的、不准确的、无价值的信息。同时，它要求被拜访者有较强的表达能力，而且要花费较多描述时间，同时，过多使用开放型提问，可能会使销售经理看上去没有准备，可能产生这样的印象，感觉销售经理对本次面谈没有实际目标的调查，导致面谈可能失控。

在这里要提醒使用开放型提问的注意事项。虽然开放式提问给被拜访者的回答以较大的自由度，虽然开放式问题可能会得到不同被拜访者千百种不同的答复，但开放式问题的目标都始终趋向于被拜访者问题的特殊性。通过这类问题的提问，实际上销售经理非常可能获得对被拜访者问题的一般性了解，对与问题有关的具体事实的掌握以及对被拜访者的情绪反应和他对此事的看法及推理过程的了解。

在使用开放式问题时要注意，在此之前应注意发展良好的客户关系，而与此同时仍需注意这一点。有些问题应注意语气语调的运用，以免显得过于咄咄逼人。

避免连珠炮式的提问。连珠炮似的发问可能会使对方产生疑虑，甚至于对立。另外，有些被拜访者虽然表面上对问题都一一作答，但可能其内心思想与活动仍有很大程度的保留。例如同一个问题："你当时为什么没有把这件事告诉你领导呢？"辩论式、进攻式、语气强硬的发问与共情式、疑问式、语气温和的发问可能会在被拜访者心里产生两种完全不同的印象，前者会被认为销售经理有挑衅自己之意，后者则被认为销售经理是真心实意地想知道事情的真相从而帮助自己。

（2）封闭型提问

封闭型提问是指提出答案有唯一性，范围较小，有限制的问题，对解答的内容有一定限制。提问者提出的问题带有预设的答案，回答者的回答不需要展开，在提问时，给对方一个框架，让对方在可选的几个答案中进行选择。这样的提问能够让解答者按照指定的思路去解答问题，而不至于跑题。封闭型提问一般在明确问题时使用，用来澄清事实，获取重点，缩小讨论范围，使提问者可以明确某些问题。

封闭型提问是可以用"是"或者"不是","有"或者"没有","对"或者"不对"等简单词语来作答的提问。如"现在心情好吗""感到紧张，对不对"。这类问题通常用"对不对""会不会""要不要"等形式提出，旨在缩小讨论范围，获得特定信息，澄清事实，或使会谈集中于某个特定问题。

封闭型提问的优点是答案标准化；便于被拜访者回答、节约时间；一般拒答率低；记录汇总方便、可以进行定量分析，得到贴切的数据；同时在面谈中保持面谈的控制权；便于快速探讨大范围的问题，切中要点。

封闭型提问的缺点是乏味，使拜访对象心生厌恶；被拜访对象容易随便选择答案而不能反映真实情况，容易圈错答案；为销售经理给被拜访者提供了参考框，也无法获得固定答案以外的信息，得不到丰富的细节；不利于建立双方的友好关系。

在会谈中，封闭型提问是必要的，但不宜多用。因为它限制了来访者进行内心探索，限制了自由表达，使会谈趋于非个人化。而且，一连串的封闭型提问会使来访者变得被动、疑惑、沉默，所以要看场合使用。在销售过程中，通常把封闭型提问与开放型提问结合起来，效果会更好。为了便于更好地运用两种提问方式，我们这里对这两种提问方式进行了比较，见图3-17。

	开放式提问		封闭式提问
数据可靠性	低		高
时间使用效率	低		高
数据精度	低	VS	高
广度和深度	广		窄
所需面谈技巧	多		少
分析难易度	难		易

图 3-17　开放型提问 VS 封闭式提问

（3）特定型提问

特定型提问是指提出必须有特定型答案的问题，有较为具体的回答内容。

示例："你早上去食堂吃饭，你吃了什么?""我早上去食堂吃了豆浆和油条。"

（4）选择型提问

选择型提问是指提出特定的两个或两个以上的选项，可以使对方做出决定的问题。

示例："晚上你是和我吃饭还是和同事吃饭?"

（5）引导型提问

引导型提问是指预先设置的话术，设置谈话的框架，让被问者根据提问预先设计的思路与其达到最终谈话目的。通常先陈述一个事实，先用一种话术，先做一个预先的框式。预先的框式有什么作用呢？就是我先把这个框把你框住。

示例："我晚上喊了两个朋友和我一起去吃饭，然后去 KTV 唱歌，你还要一起去啊?"

（6）推测型提问

推测型提问是指对将要达到的有利于提问方的谈话目的进行假设性提问的问题。

示例："你女朋友出差了，一个人也无聊，要不你晚上和我们一起吃饭吧?"或者"最新款、最高配置时下最热门的机型才要 1 999，你难道还觉得贵吗?"

（7）反问型提问

反问型提问是采用反问句式进行提问，其目的是让被问者自己解释反对性理由或回复肯定的答案。

示例："我都喊了两个朋友晚上一起吃饭了，难道你不和我们一起吗？"

（8）离题型提问

离题型提问就是跟被问者说一些不着边际的问题打断对方的思维脉络。

示例：A："我想要不然我们今天去吃南京大排档，那里南京小吃特别好吃。"B："现在几点了？""明天我们去唱歌吧？""你带面纸了吗？"。

技能训练

提问方式模拟训练：情景模拟 HR 面试。

训练内容：本次训练内容采用分组方式进行。每组选定两名学生代表作为公司人力资源主管组织一场面试活动。由另一组学生扮演面试学员。面试过程中，灵活使用多种提问方式对面试学员进行有效提问，收集学员信息，以期满足招聘设定岗位。

要点：整体活动自然流畅，提问方式灵活多样，且方式使用得当，收集信息效果明显。

【思政链接 3-3】

掌握了这么多提问方式，那么我们在与客户沟通进行提问过程中，我们应该注意什么？首先，我们需要尊重他人的隐私，对于客户个人隐私我们需要尊重。其次，当客户回复过程中，无意间泄露客户企业机密或个人隐私时，我们要懂得保密。再次，当获取到客户信息时，我们需要学会对信息进行甄别。

任务总结

本讲主要围绕顾问式销售的几种常用提问方式进行介绍，描述了几种提问方式的优缺点和注意事项。提问方式种类很多，在学习过程中，勤于练习，进行多种提问方式的组合，才能达到最好的效果。

任务二　熟悉顾问式销售策略

案例解析：揭秘销售对话所隐藏的基本策略

微课：顾问式
销售之问题点

【对话】

S：请问你们现在用的复印机怎么样？

C：还可以。

S：有什么令人不满意的地方吗？

C：没有。

S：影印效果是否令人满意？

C：有时候复印图像是黑黑的。

S：你们经常复印有图像的文件吗？

C：是的。尤其在投标中，70%的文件有图像。

S：这会带来什么影响吗？

C：当然，这种复印质量会影响我们中标的。

微课：顾问式销售
之提问方式优缺点

S：如果单单因为复印质量差导致丢掉中标机会，意味着什么？

C：我们从不敢那样尝试。

S：那你们现在在使用什么办法来解决这个问题？

C：关键的标书我们都拿出去复印。

S：时间上来得及吗？保密性能保证吗？

C：时间上一般还可以，但是保密性不敢保证。

S：如果临时有大的改动怎么办？

C：这是比较头疼但是又不可避免的问题，你知道的，对于投标项目改动是常有的事情。至于保密性，只能听天由命了。

从这段对话里，我们来分析销售对话所隐藏的基本策略。

1. 所有的销售对话都围绕着克服反论和回避反论展开

在和客户交流的过程中，难免会遇到客户的反论，这种时候可以运用 SPIN 技术去克服，一定要尽量去回避，避免跟客户竞相反射，因为这样容易形成一个不可开交的局面，这一点是非常重要的。

所谓的竞相反射就是许多客户都提出了反论，这些反论有真有假。

当我们给客户提交了一个解决方案后，客户可能马上对你的解决方案提出种种质疑。在这种情况下，许多销售人员会针对质疑马上与客户展开讨论，实际上，这种策略是非常错误的，这样的方式只会让客户越来越觉得你的解决方案存在很大的问题，很可能使客户觉得你不符合他的优先顺序。

总之，当你遇到客户的反论，首先需要考虑的是你对反论的解释是不是有利于推进销售，是不是解决了这些反论就可以促成交易。而不能只是考虑用你认为有用的证据去解释反论，这样的做法非常具有片面性。销售中首先要把握的一点是所有的销售都要以成交为目的，而不是以解决反论为目的。所以，当你遇到反论的时候，就要尽可能地去克服反论、回避反论，这是销售对话的一个基本策略。

2. 引出客户没有注意的问题点是克服反论的有效方法

销售对话中应该注意要学会通过一系列的假设来回避和克服反论，运用客户未注意的问题来掩盖客户的反论。

当客户提出一个反论的时候，销售人员要适时地提出一位客户没有考虑到的问题，转移客户的注意力，从而可以有效地解决反论，甚至能够带动销售对话向更深层次发展。

3. 有效地引导客户说出销售代表要说出的话是一种对话的技术

很多销售代表理想的境界是希望客户能够主动说出销售代表要说的话，但是不知道这种技术源于何处，实际上这种技术真正的起源点就是提出问题，而且提出的正是客户将要反对你的问题。

4. 如何将话题从一个简单的问题点引向深处是销售拜访前应策划的工作

通过销售准备工作可以将话题从一个简单的问题引向深入。很多顾问式销售代表与客户交谈的时候，与客户阐述的第一个问题点往往就给客户制造了很高的难点。例如，销售代表忽然发现了一个问题，这个问题是既结合了产品，又结合了客户现状，但客户并没有马上意识到。虽然是这样，销售代表依然假设这个问题实际存在，直接由这个问题点进行谈话，销售代表会发现经过 30 分钟谈话之后，顾客才逐渐能明白你在谈什么，这种情况就要求销售人员在销售谈话前做好充分准备，这样才能找到难度合适的问题点。

用什么样的问题点作为销售对话的起点对销售来说是一个非常关键的问题。销售都有一个流程，在正式销售之前，销售代表可能需要与客户进行几次初级接触，一定要充分利用这些机会，努力发现问题点，这个问题点一定是客户所感兴趣的、所关心的，并且要符合专业化的角度。

5. 每一个问题既能将销售会谈引深一步，同时也可能使会谈回到原点

销售对话中的每一个问题既能将销售引向深入，同时也能将销售带回原点。这就要求销售代表在使用 SPIN 的时候，有的时候必须使用背景问题，有的时候必须使用难点问题，一定不能混淆。

例如，在销售的末期，在销售代表已经充分了解了客户的明显需求之后，如果销售代表还要了解客户的细节状况，就会让客户感觉销售代表非常不专业，至少销售代表会让他感到他关心的问题点和销售代表想了解的是不一样的，这时候客户就会失去兴趣，尤其是在销售高价产品的时候，这样的客户往往非常繁忙，如果让他碰到这种情况他就会拒绝你，这样销售代表就会失去一个巨大的成交机会。实际上，这就意味着销售代表的销售又从开始回到了原点。

【问一问】

请列举可以有效解决客户反论的办法。

任务分析：剖析购买循环的四个决策点与销售策略的关系

销售对话策略和购买循环有密切的关系，主要表现在销售对话的策略直接与购买循环的决策点相关，只有先有了购买循环中的决策点，销售对话的基本策略才能真正地发挥它的作用。

购买循环有四个决策点，每一个决策点在购买循环中都与基本的销售策略密切相关。

1. 第一个决策点

第一个决策点是客户分析了问题的大小后，决策是否解决。销售对话策略一定要围绕这个关键点展开，就是帮助客户来分析问题的大小，同时也要帮助客户来决策是否解决这个问题。

2. 第二个决策点

第二个决策点是客户在确定了优先顺序后，决策是否按优先顺序行动。很多销售代表总是在等待，既不知道客户为什么选择自己，甚至也不知道为什么选择竞争对手，这是一种被动的选择。而顾问式销售代表，必须创造一种条件主动地让客户来选择，这样就要与销售对话策略联系，这些销售对话策略是指导销售代表在第二个决策中的关键，一定要有效地、主动地参与到客户的优先顺序中去。

3. 第三个决策点

第三个决策点是客户在研究了解决方案后，决策采用决策方案是否能解决问题。这里的关键在于问题是否能被销售代表的解决方案所解决。因为对客户来说总是有无数的解决方案，即使他已经有了优先解决方案，但是，很少有客户会仅仅依靠一种解决方案，所以对于这个决策点，销售代表的对话策略就是有效地强化自己的解决方案，并且让客户的优先顺序和自己的解决方案很紧密地联系起来；如果客户的优先顺序不能帮助销售代表判断他的解决方案，那么销售代表的解决方案就要设计成为一个混合的解决方案，就是既包含了竞争对手的优先顺序，又包含销售代表的优先顺序，最终，销售代表会发现成交是在和竞争对手之间进行的。

4. 第四个决策点

第四个决策点就是成交。在成交阶段，销售代表会感到无数的问题和反论迎面而来。经常会听很多销售代表抱怨成交是非常痛苦、非常困难的事情，但是对一位优秀的销售代表来说，成交实际上是一件非常轻松的事情。因为，对一位优秀的销售代表而言，所有的成交都意味着销售代表正在这一决策点上不断进行利益的陈述，陈述与客户相关的无数利益，因为利益与明显性需求是密切相关的，只有这样，才能不断赢得客户，成交阶段绝不是解决各种反论的阶段。销售人员如果发现自己成交过程中遇到了 10 个反论，那么就要暂停成交，反回去考虑在每个决策点客户可能会面临的没有解决的问题，重新开始你的销售环节。

技能训练 《卖拐》小品背后的销售心得

经典小品《卖拐》的故事脍炙人口、妇孺皆知。组织同学观看小品《卖拐》，从卖拐的整个过程，同学们一起来分析分析，他是如何一步一步将拐销售给范伟？这里面的销售技巧又有哪些？这里又和我们的顾问式销售技巧有什么关联？给我们带来关于销售的心得有哪些？

任务名称	《卖拐》小品背后的销售心得		
团队名称		组长	
成员 1		成员 2	
成员 3		成员 4	
成员 5		成员 6	

续表

序号	想一想、议一议	
1	卖拐的销售过程是怎么样的？	
2	卖拐过程中运用了哪些销售技巧？	
3	卖拐过程中与顾问式销售技巧有哪些关联？	
4	通过卖拐小品所收获的销售心得？	

任务评价

任务名称	"卖拐"小品背后的销售心得			
团队名称		组长		
成员 1		成员 2		
成员 3		成员 4		
成员 5		成员 6		
序号	知识考核点	教师评价	单项分值	实际得分
1	卖拐的销售过程是怎么样的？		20	
2	卖拐过程中运用了哪些销售技巧？		20	
3	卖拐过程中与顾问式销售技巧有哪些关联？		30	
4	通过卖拐小品所收获的销售心得？		30	
总得分				

任务总结

要想销售成功，就一定要掌握销售对话中隐藏的基本策略。更重要的是要掌握如何将销售对话的基本策略与购买流程中的决策点有效结合起来，而且，熟悉销售对话中的铁律也是必不可少的，即：①任何销售都必须尊重客户购买循环；②销售的进行取决于销售代表队购买循环的控制；③如果客户在此决策点不前进，一定是上一个决策点中仍存在问题。

项目三

如何进行顾问式销售

【项目导读】

PSS 销售技巧见图 3-18。

微课：顾问式销售
之销售流程

PSS：是 Professional Selling Skill
的简称

PSS 的核心是将销售的整个过程
分成 7 个步骤，并对每一个步骤进行定义，
确定每一个步骤中关键技术

PSS 的 7 个步骤是：
准备—接近—调查—说明—演示—建议—成交

PSS 所强调的是销售的主观能动性，在初、中级适用的
时候，不考虑客户购买循环对销售的深刻影响

图 3-18　PSS 销售技巧

世界销售理论和模式的演化进程起始于美国销售心理学家 E. K. Strong 在 20 世纪 20 年代撰写的《销售心理学》。这部著作奠定了以后长达半个世纪的销售学习教程，其核心发展至今仍为人们熟知的专业销售技巧，也称作 PSS 销售技巧。PSS 销售技巧广泛应用于直销领域和零售领域及一些传销领域，它既是一套销售工具，又是一套有效的管理工具。

专业销售技巧将销售过程分为 7 个步骤——销售准备、接近客户、需求调查、产品说明、演示、建议和成交，强调通过建立每个环节的标准化行为实现销售的有效性，优点在于方法易于掌握，流程得以明晰。然而，PSS 理论没有充分考虑客户的购买心理和决策过程，缺乏对客户问题的关注和洞悉，过于以自我为中心，注重卖方的"表演"。销售人员在面对客户时，易采用反复的、激情式的优点叙述，推销取代沟通，客户有压力和被操纵感。这种单向思维的销售行为难免招致买方的异议或拒绝，尤其可能出现在基于 B2B 业务类型的工业品销售、技术型销售、大客户销售、项目型销售等大宗生意交易。

对传统销售思路和方法带来改变的叫尼尔·雷克汉姆，他编写的《销售巨人》（*SPIN Selling*）造就世界销售史上这一革命性转型，彻底改变了传统销售的思路和方法，也就是 *SPIN* 销售法。

SPIN 销售法即四种提问的组合：背景问题、难点问题、暗示问题、价值问题。其内核在于以发现和解决客户的问题为出发点，运用一系列启发式的提问使客户产生解决的意愿，并把产品与客户的需求联系起来，将销售引向成交。

历经 7 年，尼尔·雷克汉姆的团队为上千名不同行业的销售人员实施 SPIN 销售培训，将理论知识转化为处理大宗业务的简单实用技巧，在对 SPIN 研究及实践的基础上，基于 SPIN 的顾问式销售法出现了。

【任务引入】

顾问式销售是一种全新的销售概念与销售模式，它起源于 20 世纪 90 年代，具有丰富的内涵以及清晰的实践性。顾问式销售贯穿于销售活动的整个过程。作为现代营销的最先进理念，开展顾问式销售对专业的销售人员也提出了一定的要求。对销售人员来说，销售就是一种职业生涯，是一种做人的挑战，是一种激烈竞争，是一种自我管理，所以专业的销售人员在力量、灵活性及耐力等方面要具有较高的素质。那么问题来了，怎么样才能真正掌握顾问式销售技巧？

【相关知识】

SPIN 销售话术

需求是销售人员"问"出来的，但不是"问"了就能成为"顾问"，微课：顾问式销售需求也不可能一"问"就有，如此销售就成为儿戏了。说到底，"问"体   之什么是 SPIN现了解决方案式销售中的一种与客户深度沟通的技法，必须有设计、有逻辑、有体系，并与倾听并重，事先尽可能多了解客户，从而能够在访谈中以专业、严谨和关怀的方式与对方沟通，诊断客户的问题、关注或需求，找到销售切入点。

在销售访谈中，把这种沟通技法做到极致并加以归纳、提炼进而建立理论体系的，就是 SPIN 销售法，也被认为顾问式销售的核心技术。

顾问式销售的访谈可以分为四个步骤：访谈开场、需求探询、显示能力和取得承诺。SPIN 销售法作为一种向买方提问的深度沟通技巧，出现在第二个步骤"需求探询"中，目的在于发现潜在客户的问题和需求，达成销售。

访谈开场：以客户为中心设定话题，吸引注意，获得好感，建立信任，并把握提问机会使访谈进入下一阶段即需求探询。

需求探询：沟通现状，引导需求，即通过有效提问与对话，发现客户潜在的问题及解决问题的意愿。这是访谈最重要的阶段，也往往为销售人员所忽视。

显示能力：基于前期发现的客户的问题或需求，提供相应的产品或服务，详解如何帮助客户达成目标。

取得承诺：找出能够推进销售的多种设想、建议并得到客户承诺，由此创造下一步跟进的机会，即做到"进门之前有目的，出门之后有结果"。

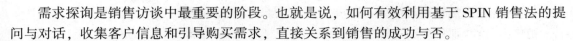

需求探询是销售访谈中最重要的阶段。也就是说，如何有效利用基于 SPIN 销售法的提问与对话，收集客户信息和引导购买需求，直接关系到销售的成功与否。

SPIN 由四类提问构成，每一类问题都有不同的目的：

背景问题：找出有关客户在日常运营或当前项目开展方面的现状、计划或关注。

难点问题：发现和理解客户可能存在的问题、困难或不满。

暗示问题：揭示问题如果得不到解决将会给客户带来的后果、作用或影响。

价值问题：又称需求效益问题，了解和引导客户对于解决问题的回报、效用、价值或意愿的看法。

综合以上提问，就形成了一套高效销售所需的有力而灵活的操作流程。

为了便于理解 SPIN 话术，我们来看一个中国移动"企信通"的案例。

【案例 3-4】

访谈开场：

销售人员："早上好，张主任，再过些天就是春节了，先送上新年的祝福，谢谢您一直以来对中国移动的支持！"

张主任："呵呵，谢谢，你们做得也不错啊。"

销售人员："谢谢主任！这次来，希望能够向您推荐一种帮助企业加强内部沟通、促进销售管理的通信方案，您看可以吗？"

张主任："好啊，你们产品还挺多。"

需求探询：

销售人员："主任，您在全省有 500 多个促销员，公司怎样将内部信息发送给他们呢？"

点评：背景问题（S），目的在于了解客户内部信息传递的方式与效率，以判断是否存在企信通可以解决的问题。

张主任："什么信息？"

销售人员："比如说降价、促销或者放假的通知。"

张主任："哦，我们打电话通知。"

销售人员："打电话？这么多人，那么嘈杂的环境，会不会很费事啊？"

点评：难点问题（P），目的在于发现客户在工作信息传递方面的难点，如工作量大、效率低、容易出差错，而这些问题是企信通可以解决的。

张主任："你是说……？"

销售人员："是这样，促销员都在柜台忙碌，万一接不到电话怎么办？另外，降价信息通过电话通知没有书面记录，会不会搞错？我上次和促销员在一起的时候，就听到他们有这样的反映。"

张主任："是吗？这你还真提醒了我，有过这种情况！"

销售人员："主任，如果经常因此搞错定价，您的工作是不是很被动啊？"

点评：暗示问题（I），揭示客户信息传递问题背后更大的问题，即作为部门主管有可能使自己的销售管理工作陷入被动，影响业绩。

张主任："当然很被动！"

销售人员："那您想到过解决办法吗？"

张主任：……

销售人员："还有，您在各个店面的促销员是怎样将信息发送给公司的呢？"

点评：新一轮背景问题（S），为发现客户更多可能的问题做铺垫。

张主任："一般的事情打电话，有时候发邮件，没有固定的方法。"

销售人员："没有固定的方法？这样就不能及时收集每天的销量和库存了？"

点评：新一轮背景问题（P），讨论客户的另一个颇为棘手问题：数据汇总和销售计划工作。

张主任："我们现在一个月报一次销量和库存。"

销售人员："是吗？主任，你们做的是快消品，这样会不会对您的销售管理造成困难呢？"

点评：新一轮暗示问题（I），使对方意识到这不仅是信息传递的问题，更关乎自己的工作效率和经营风险。

张主任："是啊，别提了，经常出错！"

销售人员："张主任，宝洁公司也是我们的客户，和贵公司的销售模式类似。宝洁用企信通短信平台向促销员发送降价和促销信息，促销员也用这个系统每天上报销量和库存，取得了很好的效果。主任，这对您解决目前信息传送和销售管理问题有多大帮助呢？"

点评：价值问题（N），引导客户从对信息传递问题的关注，转移到解决这一问题的愿望及对所能获得的回报的憧憬，将讨论推进到行动和承诺阶段。

SPIN 销售法尤其适用于 B2B 业务类型的销售。由于目标客户采购立项决策严、周期长、难度大，因而这种以客户为中心的深度营销是决定销售成败的关键。

（一）背景问题：了解既有现状

背景问题的目的在于找出有关客户在日常运营或当前项目开展等方面的现状、计划或关注。这类提问通常是必不可少的，尤其在第一次访谈时，但必须谨慎使用。

为什么？想一想谁会从背景问题中获益，是销售人员还是客户？即使双方都受益，销售人员应该获利更多，可以收集到有用和有价值的信息。但从客户角度看，把自己的现状告诉本周第五个来访的推销人员显然是一种负担。

通过回答背景问题，客户是在培训销售人员。可以说，卖方是在用买方的时间搞销售，这些问题对客户来说没什么价值。

Huthwaite 的研究发现了一些有关此类提问的有趣现象，比如，不太成功的销售人员喜欢问这类问题。原因可能是它们比较简单，不需要时间来准备。但是要记住，背景问题的多少与访谈的成功没有关联，太多的此类提问会使客户生厌甚至不安。

因此，虽然背景问题是必不可少的，但重要的是要有的放矢、少而精，让每个问题都发挥作用。

客户的问题是购买需求的出发点。因为客户有问题、困难或不满，所以想要改变现状。

因而了解客户的现状很重要，从中有可能发现你的产品或服务可以解决的问题。

比如，如果你的产品或服务是为客户提供新的或不同的操作系统，你首先需要了解客户目前采用什么操作方式。或者，如果你有一个竞争对手，你需要知道是谁，客户正在使用或考虑使用他的什么产品或服务。

以下是提问实例，可用来了解有关客户现状的一些关键信息：

①现在公司在_____方面是如何进行操作的？

②使用的是哪种技术？

③这种方式的工作原理是什么？

④您目前在考察哪些系统？

⑤您对将来的系统有哪些新的设想？

你还可以利用背景问题，了解任何其他有必要了解的客户信息，这些提问包括：

①操作系统对公司的业务有多重要？

②有哪些部门在使用这个系统？

③系统维护由谁负责，要多少人手？

④操作人员学习需要多长时间？

⑤项目什么时候开始评审？

⑥公司对供应商的期望是什么？

⑦这个项目的预算有多少？

⑧计划已经得到公司审批了吗？

⑨谁将做出最终决策？

⑩项目要求什么时间完成？

背景问题有很多，销售人员也容易问太多。关键的一点是，确定哪些问题与你销售的产品或服务相关，这是提问的出发点。

可以利用很多信息源来收集与客户现状相关的背景资料，而不必非要通过提问得到答案。你必须清楚周围的信息源，并且做好必要的准备工作，有备而来。

（二）难点问题：发现潜在问题

成功的销售人员被客户当作咨询对象——一个为客户利益工作的问题解决者。为此他们首先必须清楚客户存在的问题（现在的或将来的），方法是熟练运用难点问题。

难点问题的目的是找出你的产品或服务所能解决的客户的问题、困难或不满，使客户想要改变现状，产生需求。

Huthwaite的研究表明，难点问题比背景问题更有力。客户更愿意讨论他们遇到的问题，而不单单是告诉销售人员自己的业务现状。

有两类难点问题：一是用来帮助销售人员发现客户的问题、困难或不满的提问，二是用来帮助销售人员理解客户的问题、困难或不满的提问。

1. 发现客户的问题、困难或不满

有时，客户无须引导就会主动说出他们的问题。更多时候，你还是需要通过设计好的

提问来发现客户的问题，或确定客户是否存在某个问题。

一种方法是问一些简单、单刀直入的问题，例如：

①系统在日常操作方面有什么问题？

②系统在_____方面有过故障吗？

③您认为系统最大的缺陷是什么？

④在_____上遇到过什么困难吗？

另一种提问的方式是在提问中加入信息，使问题显得更为温和，例如：

①我和很多使用过这个系统的人谈过，都说在_____方面遇到了问题。您在这个方面遇到过什么困难吗？

②据我观察，这个系统常常在_____方面发生故障，你们的情况如何？

③我和很多与贵公司情况类似的买家打过交道。他们都说系统的一个缺陷是_____。贵公司也是这样吗？

④我发现很多人不喜欢这个系统处理_____的方式，您感觉怎样？

是简单直接地问好，还是温和含蓄地问好，这取决于客户的喜好与风格。没有证据表明哪种方法可以获得更好的效果。因此，使用适合特定客户的提问方式才是最重要的。

注意：虽然客户通常愿意讨论他们遇到的问题，但有时抛出难点问题可能会有风险，特别当涉及他们近期发生的采购项目，例如，引进了你的某个竞品。除非客户在使用中遇到了大麻烦，否则生硬地谈这些竞品的问题意味着对客户本人决策的怀疑甚至否定，因而招致销售失败。

2. 理解客户的问题、困难或不满

仅仅确定客户遇到了问题是不够的，还必须对问题有一个清晰的理解，比如涉及谁、什么、何时、在哪里、为什么、有多少、有几次。

①谁负责解决问题？

②原因是什么？

③问题何时发生的？

④发生在哪里，有几次？

⑤您认为问题为什么会发生？

⑥有多少业务受到了影响呢？

清楚理解客户所遇到的问题后，你就能更好地评估问题的范围，确定如何部署最佳的解决方案，确定销售过程中的下一个步骤。

重要的是，通过询问后续的难点问题，你可以帮助客户理清思路，明晰问题。在很多情况下，客户尚未完全注意到或理解他们所遇到的问题。他们可能没有时间、信息或资源来完成分析。帮助客户真正地理解自己的问题，你就成为问题解决者和客户的顾问，通过询问难点问题提高客户解决问题的意愿和紧迫感。

注意：有时客户会提出一个你的产品或服务解决不了的问题。在这种情况下，要慎用后续的难点问题，应把注意力放在你的产品或服务能够解决的问题上。

3. 如何有效运用难点问题

一般的销售人员熟知自己的产品或服务，一流的销售人员更胜一筹。他们清楚什么产

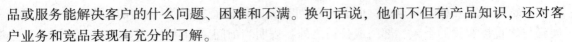

品或服务能解决客户的什么问题、困难和不满。换句话说，他们不但有产品知识，还对客户业务和竞品表现有充分的了解。

这些知识对销售成功至关重要。对你能够解决的问题理解得越深（从客户的角度看），就越能发现客户的问题，进而发掘客户的需求。

成功的销售人员在销售访谈前会做大量的准备工作。他们预判客户可能遇到的问题，构思在访谈中可能要问的问题。也就是说，他们在访谈前就很好地预习了自己的产品、客户的业务及竞品的情况。一般的销售人员喜欢即兴表演，成功的销售人员则注重扎实、完备的准备工作。

预判客户可能遇到的问题耗时劳神，因为某些问题因客户不同而差别极大。大多数问题属于以下范畴：利润率、成本、生产率、竞争、质量、时间、操作难易程度、可靠性、性能、可信度、多功能性、安全性、士气、消费者满意度以及声誉等。在梳理那些你的产品或服务能够解决的问题时，可参考这些范畴。

4. 根据职位或职能预判客户问题

在预判客户问题时，优秀的销售人员明白，不同职位或职能的客户对问题的看法会有所不同。例如，高层管理人员可能偏向于利润率、生产率或竞争的问题，你的产品或服务的实际使用者则更关心操作难易度、多功能性、安全性和可靠性，财务部门则关注成本和盈利性问题。

与一般的销售人员不同的是，优秀的销售人员会集中精力预判那些和他们打交道的某级别或职能的客户最感兴趣的问题。

（三）暗示问题：揭示负面影响

成功的销售人员被客户视为顾问和问题解决者。为了扮演好这一角色，你必须清楚自己能够解决的客户问题，以及如果无法解决这些问题可能引发的其他问题、产生的影响。

暗示问题的目的是通过探究客户问题背后的问题和影响，帮助客户认识到这些问题的严重性与紧迫性，进而加强客户解决问题的意愿。

本杰明·富兰克林写过一首经典的打油诗，描述问题的影响力之大。如果他活在今天，很可能是一位成功的推销员。他写道：

因为丢了颗马掌钉，马掌不行了。

因为坏了马掌，战马损失了；

因为没了战马，骑手不见了；

因为缺了骑手，战斗失败了；

因为战斗失败，江山丢掉了；

所有一切都是因为丢了颗马掌钉。

研究表明，暗示问题与销售访谈的成功有密切的关联。优秀的销售人员会更多地运用暗示问题，也因此能更好地发掘客户需求。通过提问，可以让客户和自己更清楚、更深入地了解问题所在，可以勾勒出问题的大小、范围和严重程度，帮助客户认识问题的深层影响。这有助于增强客户寻求解决方案的意愿和采取行动的紧迫感。

暗示问题有三种发问方式：向客户询问有关问题的直接后果、作用或影响；把问题扩展到与之直接有关的个人、部门或公司之外；表明当前问题和其他问题的相互关系。

1. 直接后果

对暗示问题，好的开场白是询问所讨论的问题是如何影响客户或组织的。这样，客户有机会回顾，说出对后果的看法。在某些情况下，客户对问题的影响有清楚的了解，但有时需要销售人员的引导。

提问：

①这对您的部门有什么影响？

②这个问题如何影响到生产效率？

③如果不能解决，最大的不利后果是什么？

④问题会给您的团队带来怎样的挑战？

2. 扩展问题

某些问题的影响会超出直接有关的个人、部门或组织。在和同一客户内部的多位人员打交道时，或需要发掘几个部门或职能单位的需求时，问这一类暗示问题可能特别有用。

提问：

①订单输入中的问题妨碍到您按时交付吗？

②这种延误如何影响您的客户的业务？

③是否接到更多的客户对拖延发货的投诉？

④问题如何影响到服务部门？

⑤越来越多的投诉对销售组织有什么样的冲击？

⑥销售副总裁如何看待这一问题？

3. 表明相互关系

设计和运用暗示问题的另一种方法是参照前述的问题范畴：利润率、成本、生产率、竞争、质量、时间、操作难易程度、可靠性、性能、可信度、多功能性、安全性、士气、消费者满意度以及声誉。这些范畴常常相互关联。

提问：

①如果订单输入问题解决不了，甚至恶化，会发生什么情况？会不会影响你们在整个行业里的声誉？

②如果声誉受损，对公司的收入业绩和利润率意味着什么？

③修复形象的代价是多少？

④您是否想过问题会影响组织内部的士气？您认为可能产生什么损害？

4. 理解影响

一旦发现某个影响，需要继续提出后续问题，以保证客户完全理解该影响。暗示问题所采用的后续问题和难点问题所采用的后续问题相同，涉及谁、什么、何时、在哪里、为什么、有多少、有几次等，例如：

①如果客户的抱怨增多，谁会受到影响？

②您认为后果将会是什么？

③您认为投诉何时会爆发，在哪个方面？

④为什么认为那个领域受到的影响最大？

⑤有多少客户会受到影响？

⑥以前发生过几次？

明白影响后，你和客户将能更好地评估问题的真实大小和范围，有助于定位最佳的解决方案，确定以后采取的步骤。

例如，问题只出现在某个地点还是普遍存在；只涉及几个人还是很多人；还应当和组织内部的谁讨论，以便发掘更多需求，取得他们对你所要提供的解决方案的支持；解决方案涉及多少部门和领域。

5. 使用暗示问题

如何使用暗示问题是区分一流销售人员与普通销售人员的标准之一。许多销售人员并没有真正理解他们的产品或服务能够解决的问题，或者不理解这些问题给客户的业务带来的影响。一般的销售人员不缺乏产品知识，但对客户的业务状况和市场动向缺乏充分的了解。

优秀的销售人员总是从客户的角度考虑产品。他们以客户为中心，在访谈时预判客户的问题及影响。他们事先认真准备提问，而不是在访谈时临时发挥。他们的知识全面，视野开阔，能帮助客户周密考虑、分析和清晰表述价值诉求。有了对自身问题和价值诉求的充分理解，客户才能更好地领会解决方案的意义。

（四）价值问题：关注方案回报

价值问题的意义在于激发客户对解决问题后所能获得的回报、效益的看法以及行动的意愿。这些问题被出色的销售人员广泛使用，营造出访谈的积极气氛，将销售访谈推进到行动和承诺阶段。

这类提问有两种发问方式：一是鼓励客户告知解决问题后将会得到的回报；二是确定客户是否有解决问题的意愿。

1. 鼓励客户告知回报情况

仅仅你确信解决方案对客户有用是不够的，必须让客户也对此深信不疑，交易才能成功。此外，还需要客户有采取行动的紧迫感和意愿。

提高客户寻求解决方案意愿的一种方法是讨论客户问题及其影响，以便找出客户问题的大小、范围和严重程度。问题越大，范围越广，程度越严重，客户就越急切地寻求解决方案，这是暗示问题的功效。

另一种方法是问价值问题，以了解客户对解决问题后所能获得的回报、价值或效用方面的看法。运用价值问题的前提是弄清客户的问题及其影响。

提问：

①解决这个问题对您有什么帮助？

②解决生产率问题能带来什么收获？

③降低周转量会产生哪些效益？

④如果我们能够将处理时间缩短10%，可以节省多少资金？

⑤把节省下来的资金投入研发项目将产生多大的成果？

⑥提高产出速度，能否让员工腾出时间做别的事情？

⑦如果他们有时间做别的事情，还能为公司带来哪些收益？

⑧您还能看到什么其他效益？

鼓励客户描述回报有几个效益。首先，使客户把注意力集中在采取行动所能带来的回报上；其次，使客户的思维从"消极因素"（问题）转向"积极因素"（解决方案带来的回报）；再次，帮助客户建立获取解决方案的决心；最后，获得必要的信息，以确立客户获得回报的范围和优先次序。这样，可以根据客户的具体需求、愿望和次序定制解决方案。

2. 确定客户是否有解决问题的意愿

客户有可能在任何时候表示出购买意愿，例如，在访谈开始时，在询问难点问题时，在询问暗示问题时，或在询问价值问题时。

但有时客户的意愿可能深藏不露或模糊不清。即使存在需要解决的问题，知道问题的影响，也能确定解决问题会带来什么回报，也并不意味着客户一定有解决问题的意愿。

优秀的销售人员不会想当然地认为客户有购买意愿。他们会从客户那里寻找蛛丝马迹，实在不能确定，他们会抛出价值问题。

①您想要缩短处理时间吗？

②需要我们找出问题的解决办法吗？

③现在迫切需要解决_____问题吗？

④您是否在寻求一种改善_____的方法？

⑤降低成本是不是当务之急？

⑥您需要在这件事上快速行动吗？

⑦现在就解决那个问题，您认为怎么样？

⑧您认为找出_____的解决方案有多重要？

3. 使用价值问题

价值问题和其他 SPIN 问题有着根本上的不同。虽然这些问题比较难问，但它们非常有用，与访谈的成功密切相关。使用得当，这类提问能够鼓励客户说出需求，帮助销售达成目标。

任务一　如何规划背景问题

案例解析：了解背景问题目的

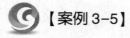 【案例 3-5】

请看以下对话 1，S 是一位销售代表，C 是一位客户。

微课：顾问式销售
之背景问题

微课：顾问式销售
之如何规划背景问题

S：在这个工厂你生产什么样的复印件？

C：我们有许多生产线，我们的产品是 34 页的复印机。

S：34 页的复印机，他们用的是哪种搓纸轮？

C：我们使用两家：GM 和 NEE。

S：我知道许多复印机厂一般会在他们部件存货中保持三个月的存货，以应付重要的相关紧急事件，你们公司也这样吗？

微课：提问背景问题的时机

C：是的，事实上，由于市场需求旺盛，我们的存货量已超过 20%。

S：你们能否确定，下一个季度市场需求依然旺盛呢？

C：根据目前的市场行情看，是的。

S：在这一部件上，你们的资金占压量很大吗？

C：是的，非常大。

S：如果市场需求突然萎缩，对财务上会有什么影响？

C：是的，那也是我们非常担心的问题。

在这段对话中，销售人员用了非常有效的背景问题，由背景问题引出了客户隐藏性的一个问题点，而通常一个隐藏点的最大需求同时也是多数客户所关心的，在这段对话中就是"存货"。

销售过程中的准备阶段就是为了有效地提出背景问题，同时针对背景问题设计好几个问题点，这些问题点包括明显性问题和隐藏性问题。明显性问题点指的是由销售代表设想的问题点，而隐藏性问题点则是由客户说出并确实存在的问题点。明显性问题点与谈话方向是有密切关系的，当销售代表确认了客户有一个明显性的问题点的时候，销售代表的谈话方向一般就有两个：一是印证这种问题点是否存在；另一个则是直接引导客户向这个问题点前进。

以上对话中的明显性问题点就是库存问题，销售代表的谈话方向就是要解决库存问题；而且，由于市场需求的波动，还可以假定三个谈话点：

①规避市场风险；

②资金的压力；

③缓解资金压力，降低运作成本。

这三个问题点对于客户来说是否真的存在，只能留在销售对话中去印证。所以我们知道：

①背景问题的目的是发现客户的问题点，以便引出难点问题。

②通过有效的状况询问，销售代表可能发现客户的很多问题点。

③销售代表可以从一个比较明显的问题点，开始销售代表开发客户隐秘性需求的开发过程。

任务分析：探索问题点

问题点是隐藏在客户谈话中，可以带给销售代表拜访向深度进展的线索；问题点是依赖于销售代表的产品或服务解决的问题而定的。

1. 隐藏性问题点与明显性问题点

顾问式销售在理念上已经将简单的销售行为和复杂的销售行为进行了区别，当产品和方案不是很复杂的时候，就可以直接使用明显性问题解决；在产品非常复杂的情况下，就要设法探寻隐藏性问题。

明显性问题点会引起很多的反论，而隐藏性问题点基本上能规避反论。隐藏性问题点与谈话的方向有密切联系，例如在上面的对话中客户提到他们公司采取的是两家进货的方向，如果销售代表想探寻这个客户的隐藏性问题点时，销售代表的谈话方向首先是要了解保障供应；其次是为什么生产周期与库存密切相关。客户告诉销售代表原因是为了让生产方式更合理，至于这种生产方式是否合理，两家同时进货是否真的能保证供应周期，则是要留待以后销售代表和客户进行深层探寻的。但不是每位客户在销售代表发现他的问题时就马上主动交代清楚，例如销售代表说"这样做会带来很大风险"，有的客户就会回答"这个行业就是这样"；如果销售代表说"市场需求波动会造成你库存的风险"，还是会有客户说"这七八年以来市场还是稳定的"。所以，销售代表一定要设法挖掘客户最大的隐藏性需求，而不是说简单的需求，因为简单的需求必然会造成反论。

隐藏性问题点一般不会引发反论，因为它是直接去探寻客户隐藏性的需求，不会引起太激烈的反论，引起反论最大的可能在于客户根本不了解产品，而反论可以引导销售代表从新的角度认识客户，实际上是给销售代表一个机会去重新认识自己对产品的管理，去和客户探寻这个产品如何在市场上有效定位。明显性问题点实际上就是一般性的需求或者公共的需求，真正的隐藏的问题点对每一个客户而言都是不同的，这就要求销售人员去挖掘潜在的隐藏性的问题点，这样销售代表才能够顺利地按照自己的逻辑与客户的购买流程结合在一起。

在研究 SPIN 的时候，很多人认为背景问题不是重点，实际上背景问题在 SPIN 中是一个非常关键的点，只有有了有效的背景问题才能进行有效的难点问题，没有有效的背景问题就不容易找到问题点，即使找到了问题点也会引出反论，对于这一点一定要特别注意。

明显性问题点会造成反论，一般来说，销售代表会根据自己的经验设计出一个明显的问题点（100%的商家都是这样设计的），从设计产品开始直到产品导入市场，商家告诉销售员的都是产品的特性、优势以及如何解决客户的问题，接着销售代表就拿着这些知识试图与客户的事实相吻合，可想而知，这种吻合是多么艰难，但是，只有实现了这种吻合才能进行隐藏性的需求开发，也就是销售代表的事实、客户的事实和销售代表的明显特点满足了，销售代表才能进行隐藏性需求开发，但是，这种情况对于很多刚入市的新产品来说基本是零。当销售代表的明显性需求与客户需求不吻合的时候，客户就会提出反论。遇到反论的时候，销售代表的销售就会一时中断，如果遇到这种情况，销售代表就要反思一下，是不是在整个过程中销售代表提了太多的明显性问题，忽视了探寻隐藏性问题点。但是，对于已经成熟的产品来说，就可以直接从明显性问题点去探寻，因为这样做就有可能直接和客户的事实吻合，因为它本身在市场中已经有了一定的规律和操作方法。

2. 隐藏性问题点的逻辑图

首先，要去探寻客户的经验；然后，探寻出客户隐藏的问题点；最后，要使这些隐藏的问题点与客户的事实相吻合。

新产品最有效的导入市场的方法就是不断探寻"为什么客户还没有认识到这一点？"例如柯达的影像存储系统的推销方式就不是销售代表拿着特性去满足客户现有的需求，而是探寻客户为什么没有认知这个产品，探寻之后，销售一般会发生中断，而中断的下一个层面就是继续寻找旧产品与新产品之间的过渡关系和过渡假设，"为什么能过渡、为什么不能过渡"，在这种情况下，销售代表就会发现市场销售的关键点，所以，去调查客户尚未认知的领域对于销售新的产品来说是非常关键的。

在对话过程中，有可能销售代表的效率已经使产品的特点和优点丧失了，这个时候销售代表一定要运用销售对话的策略，要设法让客户接受自己的理念，设法去理解客户，要用一种隐藏性的逻辑去试探客户现有的经验，要在客户现有的经验中找出危机、问题点，要让客户说出有问题需要解决。

无论是推动客户说出隐藏性的问题点，还是去探寻客户不知道的领域，都要告诉客户这个领域一定会有一个未来世界。但是，现有产品和新产品过渡的关联点一定要找到，过渡的假设性也要找到，这样，销售代表才能主动去有效发现产品如何进入市场。产品导入市场的概念不是直接把产品搬到市场的柜台上，而是指整个过程，去发现客户认知的过程、发现客户采购的过程、发现客户被引导的过程以及发现一些基本的事实去说服客户的过程。要跟客户一起去找隐藏点，一定要客户告诉销售代表怎么去找，而不是销售代表告诉客户怎么买，这就是顾问式销售和普通销售的根本区别，是到客户那儿拿到方法，而不是在家里去构想一种销售策略。

任务分析：有效地使用背景问题

（1）选择好背景问题，便于精简提问的数量

要想有效地使用背景问题，首先必须选择好背景问题，最关键的是要精简问题。销售代表有可能在拜访客户之前会列出 20 个问题，这 20 个问题，首先要在公司内部回答出 18 个，剩下的一定是销售代表实在无法回答的问题，那才是要留在客户要去询问的问题。

（2）简洁描述背景问题，便于帮助买方将销售代表看作问题解决者

简洁地描述状况询问，便能帮助销售代表的买方看到谁是问题的解决者，因为有人在询问一种状况时常常包含五六种因素。例如销售代表同时问了五个意向，五个问题可能有五种箭头、五种方向，对于这样的提问客户很难决定到底要先回答哪个问题以及怎么回答；其次客户很难从这种背景问题中看出销售代表是在帮助他。所以，要学会简洁描述背景问题，使其具体化。

（3）正确的背景问题可以很顺利、很自然地介入要讨论的潜在问题

有效地使用背景问题，先要正确地、很自然地、顺理成章地介入潜在的问题。例如，在任何一位客户的机构中，看到任何一个现象，销售代表都要有效地与客户关联，有效地与产品关联，也就是间接销售代表与使用 SPIN 技术的关联。

技能训练　选择合适的背景问题

如何选择合适的背景问题，首先确信销售代表问的每一个问题都是有明确目的的，其次问那些潜在客户，确信销售代表的产品或服务可以解决他们的难题。

（1）要关心客户所关心的业务

背景问题是把握谈话方向的关键，也就是要求销售人员关心客户所关心的业务和关心客户所关心的东西。关心客户意味着在正式销售之前，销售人员事先要做一个很好的准备，另外还要对客户有一个很透彻的了解，只有做到了这两点销售人员才能把握好谈话的方向。

（2）把握好谈话方向

谈话方向在销售过程中是一个最关键的概念。一个有效的谈话方向要求销售人员要注意两个概念：一个是明显性问题点；另外一个是隐藏性问题点。想要了解与产品的特性基本符合的状况时，就尽可能地问一些与明显性问题点相关的问题，这是需要明确一个谈话方向。在这种情况下，销售人员肯定会遇到反论；而当销售代表觉得自己的背景问题已经基本了解了客户的状况，而且客户愿意跟销售代表进一步沟通的时候，销售代表必须学会从客户的回答中去探索隐藏性的问题点，这就是另外一个谈话的方向。

【自检】

请列举背景问题的三大目的：

① _____

② _____

③ _____

任务总结

背景问题在 SPIN 中是一个非常关键的点，只有有了有效的背景问题才能规划有效的难点问题，没有有效的背景问题就不容易找到问题点，即使找到了问题点也会引出反论。所以，一定要掌握背景问题的目的；背景问题中应该掌握的问题点；如何有效地使用背景问题；如何选择合适的背景问题。

任务二　如何规划难点问题

微课：顾问式销售
之难点问题

案例解析：为什么必须提难点问题

1. 难点问题的概述

难点问题是将销售人员与客户的会谈或者隐藏性的问题点引向深入的一种很好的方式，难点问题最关键的作用就是将产品的特性和客

微课：顾问式销售之
如何规划难点问题

户的问题做第一次的关联。在客户很难理解产品特性以及现实状况中如何应用这种特性的时候，对销售人员来说最有效的手段就是提出问题，而且是一个隐藏性问题点的问题，然后再探寻这个隐藏性的问题点。在这个过程中，顾问式销售代表经常会遇到销售中断的情况，也就是指在某一个点上，买卖双方都无法取得进展的情况。这种销售中断不止一次，后一次总是在前一次的基础之上，经过几次销售中断，销售人员最终会跟客户建立一个很好的、可以使旧产品和新产品相互关联的桥梁。

2. 难点问题的必然性

为什么必须要提出难点问题呢？因为每一位销售代表都期盼自己的思维模式与客户的思维模式最终能逐渐靠近，要想实现这个目标，就要使用难点问题，它是大家一起关注、确认、定义、认同、解释和完善的一个个的问题点。

【对话】

人物：

S——宋先生

M——马老师

方式一：

M：很多销售代表在使用了 SPIN 以后，往往会发现工作效率并不像书中说的那么高。你能用 SPIN 举一个例子吗？

S：我举一个我感觉比较现实的例子。有一次我会见一个销售人员，他衣着不整，头发很乱，胡子很长，面对这样一个销售人员，我们进行了以下的对话：

我问他："你平时都是这样去见客户吗？都是这种形象和状态吗？"

他肯定地回答："是这样的。"

我又问他："你有没有发现在你与客户的交流过程中，会有哪些困惑阻碍你呢？"

他回答："产品的价格。"

我接着问他："要想把产品卖好，你知道要具备哪些素质呢？"

他说："我知道，现在有很多东西我都不了解，大家也不太支持我，而且也存在信息不畅通的情况。"

我说："能不能这样说，你是不是认为如果一个特别专业的销售人员准备特别充分的时候，他就能做好销售呢？"

他回答："应该是这样的吧。"

我说："那你怎么理解这个人是专业的呢？"

他重复了我说过的话（因为我是他的经理）。

我说："你是不是认为美国的商务部部长到中国来访，他们也是一个销售员呢？"

他说："肯定是"。

我又问："那比尔·盖茨到中国来推销他的 XP，他是不是也是销售人员？"

他说："是。"

我说："你发现他们有什么特征吗？"

他说："很多。"

M：你的目的是什么呢？

S：实际上我在引导他注意衣着的整洁，因为这对一个销售人员是非常重要的。这是我的一个目的。

M：宋先生刚才说的实际上是在发现一点问题后，就必须引起当事人对客户的关注，同时要确认这个问题点，要给这个问题点下一个定义；如果没有定义，可能很难描述清楚。宋先生要强调的是专业销售代表的衣着必须能够体现出专业形象。对不对？

S：对。

M：接下来是确认他是否认同你的观点。如果在你问了他这些问题，在你下了定义之后，他还是不认同你的观点，你是不是还需要做一定的解释？

S：对，我实际上做了一些铺垫，我说很多人即使是美国公司的总裁也都是销售人员，而且是大销售人员。

M：同时你要完善你提的每一个问题点。这就是说在 SPIN 难点问题进阶的时候，你必须要掌握一个流程，那就是关注—确认—定义—认同—解释—完善。

方式二：

M：如果不按照这个流程，你简单地使用 SPIN，可能就会这样问："你平时就是这样着装的吗？"

S：他会说："我就是这样。"

M：那就是一个状况性询问。你接着可以问："你觉得有什么不好吗？"

S：他会答："我不知道哪儿有问题。"

M：接下来可能这样问："你考虑过这样着装会对你明年的业绩有什么影响吗？"他可能会说："没有什么影响。"你会再说："那你觉得需不需要改进呢？"他可能会说："不需要改进。"

【解析】

表面上来看，方式二的对话是一个完整的 SPIN，但是这个完整的 SPIN 缺乏客户的认同。影响客户理解你的问题有以下几个因素：

首先，销售代表目前这样的着装可能有自己的一些原因，他不一定要按照你所要求的或者你想象中的销售代表的形象去着装，例如他不是你这个行业的，他是从 IT 行业进来的，而行业的背景会影响他对一个相同事物的考虑角度。

其次就是职责的范围。如果他原先做工程师，现在你让他去做销售，他无法马上把这种职责范围转换过来，他更多的可能是有工程师似的销售法，而不是有销售方式的销售法。

再者就是思维的定式。还是用着装来举例，在 IT 界，因为比尔·盖茨经常不打领带，影响到同一 IT 行业的有些销售代表都经常不打领带；还有一种情况就是在某些公司，工作级别越高越不打领带，所以很多人到了一定的级别就不打领带。所以，因为假设的前提不同，很容易造成沟通上的障碍。

最后一个就是自身的理解力，你最好去暗示这个因素与他自身利益的关系，但是这种关系在现实过程中很难相关联。

通过以上两种方式的对话，可以看出难点问题的重要性，在销售过程中，难点问题是必不可少的。

3. 思维模式

销售代表和客户在一个问题点上进行关注、确认、定义、认同、解释、完善这样的沟通，这实际上体现出一种专业性，而且这也是一种思维模式。在谈一个问题的时候，最好先确定一种思维模式，否则很难沟通。当销售代表有意识地按照一种思维模式不断地去影响客户的时候，销售代表就是在不断向前推进。影响销售的思维模式由三个部分组成：第一个是隐藏性的前提假设；第二个是明显的现实的前提假设；第三个是推出的结论。因此我们需要明确以下几点。

第一，要重视隐藏性的前提假设。

隐藏性的前提假设经常会被忽略。隐藏性的前提假设是在社会群体中已经被绝大多数人认同的一种假设，这种假设的前提就是别人看到了销售代表没有意识到的这种东西，而这种意识深深藏在销售代表的意识深处。销售代表的意识深处有可能隐藏着"我作为一个销售人员就必须推销，见了顾客的反论我就必须去克服"这样的假设；明显性的前提假设就是当客户提出反论的时候，销售代表马上提供一种证据给客户，证据就是一种明显性的前提假设，最终就会推出结论。

第二，要寻找隐藏性的前提条件假设的方法。

一般的高级销售代表都能看到明显的现实前提假设，同样也可以进行有效的结论调整。但是，了解隐藏性的前提假设却是一个难点。以柯达影像成像系统为例，这种新系统之所以无法获得客户的认同，原因在于销售代表和客户都没有意识到其中隐藏的前提假设到底是什么。一般来说，一个思维模式中，越是推销新产品，销售人员越要去探寻什么是隐藏性的假设前提。寻找隐藏性的前提假设的方法就是要和客户去做充分的沟通，要进行深度会谈，深度会谈就是要让人们都发现从前没有意识到的一种隐藏性的前提假设。

第三，要强调问题的关键性。

在销售过程中，当客户没有确认销售代表的问题点的时候，一定不要给他下定义，这样只会让销售代表和自己的客户用不同的语言对话；同样当客户没有真正理解销售代表的解释的时候，当销售代表觉得自己向客户推荐的是一个非常完善的方案，但是客户还是不能接受的时候，销售代表就要从思维模式上找原因。当销售代表有了合适的思维模式和意识以后，销售代表的销售对话就会很流畅，销售代表就会知道哪个点是断点，就知道怎么去回复这个点，同样在销售代表提出难点问题的时候，销售代表就知道难点问题之间的关联性。尤其需要强调的是，很多人在提 SPIN 难点问题的时候，总是不强调问题的关联性，但是作为一个 SPIN 的专家就一定会去强调问题的关联性。也就是说，当销售代表探寻了一个明显性问题点的时候，销售代表就要再连续探寻三个明显性问题点，这个时候，最好不要继续探寻第四个明显性问题点，因为那样会引出反论，而是必须去探寻隐藏性的问题点。而隐藏性问题点的深入层次肯定是在明显性问题点之下，这就是为什么顾问式销售要不断强调一种意识上的沟通，而不是单纯强调一种技巧。

【示例对话】

S：你提到你们现在使用的黏合剂存在困难，你能告诉我更多的情况吗？

C：是的，当它经过缓冲器时，黏合处经常裂开。

S：这是否意味着在最后组装钱，你必须花很多时间来修理。

C：不，这并不困难，因为压片机会重新黏合一次。

S：哦，那的确是个好的解决方法。这样做的废弃率有多高？

以上对话反映出销售代表在有意识地跟客户寻找对一个问题点的共识，而且在找到问题点后试着去做一个更深入的探讨。虽然销售人员已经意识到客户有可能在某个地方存在一个问题点，但是，客户却表明已经用一种替代的方法解决了这个问题。既然问题点是连接产品特性和客户问题的，那么在客户的问题点和产品特性不能连接的时候，销售就很难继续。

这段对话可以让销售代表明白以下道理，那就是客户是否确认问题点非常必要，是否了解客户的假设前提非常重要，是否获得客户对问题点的认同非常关键。要想获得客户的认同，关键在于销售代表的概念要与客户的概念一致，而且这种概念的一致不是表面性的，而是深层次的。难点问题可以有效促使对话进一步深入，因此，一定要掌握难点问题的技巧。

任务分析：高效使用难点问题提问

如何高效使用难点问题进行提问，需要把握下面几个原则。

微课：顾问式销售之
提问难点问题的时机

1. 第一个原则

在销售代表使用难点问题的时候，一定要在分辨出买方的困难或不满后，继续揭示并阐明它们，一定要用销售代表的表述和客户的表述共同来阐明一件事情，并且要让销售代表和买方共同来理解这种隐藏性需求。"理解" 指的不是简单的推销概念，但是有很多销售代表在做互动式销售的过程中，总是试图推销一个很复杂、很高深的概念给客户，致使客户无法理解销售代表的意图，销售代表也自始至终不理解客户为什么不理解。在销售的整个会谈工作期，销售人员可以主要问客户以下两个看起来比较傻的问题：第一是 "你是如何来理解我的提问的"；第二是 "我们在这方面达成了共识，你的思维逻辑是如何到这一步的"。销售代表会在工作实践中充分发现这两个问题的有效性，它会带给你很多意想不到的收获，也会带给客户更多的信心。

2. 第二个原则

第二个原则指的是连续问问题的方法，一定要非常明确地掌握，要使其达到简单而且实用效果。具体有：在哪儿、什么时候、谁、多长时间、如何发生等等问题。销售人员必须把状况性的问题有效地转变成目的性询问的问题，例如哪儿有困难、这样的时候会有什么不便、如果大家都是这样会怎么样、这样发生的行为如果长或短会怎么样、如果发生了这样的事情对销售代表有什么不利，等等。

3. 第三个原则

第三原则就是使用间接或者通过相互关联的过程来确认不满和抱怨，销售人员不能指着客户询问是否有这个困惑或者是否有那个困惑，不能像一个检察官一样审讯顾客。但是，作为一位销售经理就可以很直接地去问销售人员："你这样的穿着有问题吗?"销售人员在成交之前，在客户面前永远是被审视的对象，销售代表的销售就意味着掏客户的腰包，所以，在使用难点问题的时候，一个关键性的问题就是必须避免让客户产生被人掏腰包的感觉。

任务分析：把握难点问题提问时机

什么时候问或者不问难点问题，取决于涉及的风险程度。在一些事例中，不得不很仔细、小心地提问难点问题，或者在你与客户或者当事人已经建立起了一定程度的相互信任之前，都必须避免提出难点问题。

难点问题本身存在着低风险区和高风险区。

（1）低风险区

低风险区指的是三种适合提出难点问题的时间或者区域。

首先就是销售周期的初期，在这个时期几乎任何的难点问题都有可能不足以让客户担心什么，但是，如果销售代表在这个时期提出的难点问题涉及销售产品服务以外的更细节的东西，就容易使客户产生一种防范心理；在销售的初期，销售人员可以提出一些重要的问题，因为这些问题可能会引起客户的更多关心、更多兴趣；在销售初期销售人员也可以提出一些对策。

其次就是针对买方很重要的方面。难题必须足够重要，以便于把隐藏需求转化为明确需求（对于解决方案的强烈需求）。

最后，低风险区域就是针对销售代表可以提出解决方案的领域，因为提出难点问题的目的是揭示你的产品或服务可以解决难题。

（2）高风险区

高风险区指的是三种不适于提出难点问题的时间或者区域。

首先，当客户最近完成重大决策的时候，最好不要提难点问题。在这方面进行提问会被看作是胆大妄为或者吹毛求疵，并且这样会使买方抵制你的产品或服务，即使买方的决定明显是很糟的，你这样提问也会产生如上的效果。

其次是敏感区域。敏感区域是指部门之间的职责以及决策层，经常会看到一些销售代表接触了一个关键人物以后，就不敢接近另外一个关键人物，因为担心先后接触两个关键人物的接触而影响整个决策的情况，这种时候会很难平衡这两个关键人物之间的关系，或者个人隐私或者情感、公众的争论等。

最后，高风险区就是销售方自己的产品和服务不能解决问题的时刻，不适合提出难点问题，即使你可以提供一个好的替代品，也要注意只在你能提供而竞争对手不能提供的附加能力方面问难点问题。

技能训练　难点问题实战训练

微课：顾问式销售
之难点问题实战

开始策划难点问题的好方法是通过思考你的产品或服务可以为买方解决什么难题。

第一步，围绕我们选择设定的产品或者服务，先试一试这个练习；然后转到下面的另一个练习。

我们的产品或服务能提供更好对策的难题	有可能存在这种难题的买方
例子：我们的在线诊断服务能解决当技术人员不在时，使关键设备仍然可以恢复运行的问题	例子：偏远地区的小乡村医院
自己的产品或者服务：	能够解决哪一类客户的难题：

第二步，根据下表的操作步骤，进行信息收集与资料准备。

步骤	内容	注意点
1	用下一页为这个练习设计的表格，首先，选择一位可能的买方来练习策划，用此评判标准来选一位好的候选人	1. 在下一周或两周你将与之见面 2. 你已经收集了关于这位买方的一些基本信息 3. 这位可能的买主有你在前面的练习中列出的难题，这对你是一个好机会。这是你第一次或第二次与他会谈 4. 对这个买方试用一种新行为（难点问题）没有什么风险
2	在策划表格的顶端写下买方的名字和会面的时间	
3	尽可能多地辨明潜在难题区域，而且应该是你的产品或服务可以解决的关注点、困难或不满。在策划表中写下你的主意（注重数量）	1. 首先列出你在前面的练习中遇到的最有可能提供给可能客户的难题 2. 补充这个可能买方独一无二的难题，并且是你的产品或服务可以解决的
4	尽可能多地开发各种各样的难点问题来问	1. 写出不同类型的难点问题 2. 使用直接和间接的难点问题
5	使用你开发出来的难点问题	1. 如果可能的话，在会面之前与你的一个同学排练一下你的问题 2. 当你见到买方时，实际问买方你开发的难点问题

第三步，完成难点问题策划。

步骤	内容
背景（我们需要更进一步的事实）	
潜在的难点问题（可能存在的难点问题）	
要问的难点问题（以发现并开发隐含需求——难题、困难或不满）	

任务总结

难点问题在整个 SPIN 过程中，就像一个木头上的钉子，当销售代表拥有木头之后，销售代表还需要钉子，只有钉得越深，销售代表才能探寻到越多的秘密，这就是难点问题的主要作用。销售人员一定要掌握为什么必须提难点问题，有效使用难点问题的原则，什么时候适合提难点问题。

任务三　如何规划暗示问题

暗示问题和隐藏性需求有着密切的关系。一般来说，销售人员与客户的对话路线是这样的：

首先，销售人员会使用状况性询问来了解客户的一般情况。

然后，通过问题性询问确认问题点，这个被发现的问题点必然直接关系到客户的隐藏性需求，而且这种隐藏性需求往往是客户的抱怨和不满。为了使对话进一步深入，当销售代表发现了客户隐藏性需求以后，也就意味着你产品的特性在某种程度上可以和客户的需求相关联了，如果真是这样，销售代表就必须通过一种更有效的提问，也就是暗示问题将这种关联真正实现。暗示问题可以使困难和抱怨都明确化。

通过暗示问题将隐藏性需求逐渐转化为明显性需求，接下来才能使用需求效益问题把明显性需求转化为利益，这就是销售对话的一种合理路线。

从这个路线来看，暗示问题与隐藏性需求可谓密切相关，只有通过暗示问题才能将隐藏性的需求转化为明显性需求，也只有实现了这种转化才能推动销售的深入。

案例解析：了解暗示问题的目的

微课：顾问式　微课：顾问式
销售之暗示　销售之如何规
问题　划暗示问题

1. 第一个目的

暗示问题的第一个目的是扩大难题的结果，将现有的难题与潜在的难题联系，开发客户对难题认识的透明度和力度。

通过以下场景，可以了解应聘者如何在面试过程中通过暗示问题弱化自身弱点，强化自身优势，从而达到推销自己的目的。

这个例子反映了暗示问题的第一个目的——扩大难题的结果，将现有的难题与潜在的难题联系，开发客户对难题认识的透明度和力度。

【对话】

背景：某公司招聘销售经理，销售经理人选的一个硬性指标是高学历、高文凭。

面试对话在会议室。

人物：

王先生——应聘者，有很丰富的销售经验、很丰富的销售知识和技术，但是缺乏高学历和文凭。

面试者——某公司人力资源部负责人。

王先生：请问你们公司为什么要招30名高级销售代表却只招两名销售经理？（**点评**：状况性询问）

面试者陈述了一系列围绕公司发展现状以及未来事业发展的方向。

王先生：如果你们在招聘过程中没有招到合适的人，这会产生什么问题呢？也就是说如果你们的招聘是失败的，这会对你以及对你公司事业的发展有什么影响呢？（**点评**：提出一个问题点，这个问题在所有的面试者和应聘过程中很少被问及，但是，在面试过程中面试方总会给被面试者一个非常好的机会提出。在这个时候，大多数被面试者都不会提出工资待遇等等一系列的和现实毫无关系的问题，因为毕竟还没有到这家公司，所以工资等问题和应聘者现在是没有关系的。）

面试者陈述了招聘失败会对公司的销售指标以及市场使命造成的危害。

王先生：你认为一个只有高学历的人就完全能胜任这个职位吗？

面试者：不能。

（点评：很多面试者听了这样的问题，大多表示希望被面试者提供一些答案，这时候被面试人还可以继续来深化这个问题。）

王先生：如果一个没有学历或者没有这么高学历，但是有丰富经验、有丰富技术理论知识的人来应聘这个职位，就因为学历的问题而错失了与你们的合作机会，会对你们造成什么样的影响？你们会有什么样的感想？

面试者的答案可想而知。

王先生：你们更看中的是这个人的经验和他的技术知识，而不是学历，对不对？

点评：这时候已经采用暗示问题和问题性询问不断交互结合的方式，充分掌握了在这次面试中的主动性，并且调整了客户面试过程中优先顺序，也就是说，通过暗示问题，最终达到了将难题的结果扩大为潜在的问题，即招聘者在面试中不会告诉你为什么招人、招人的真正目的是和什么联系在了一起，真正意识到，现在在他面前的你非常优秀。所以，在很多面试过程中，尤其是在外企面试的过程中，当你有效使用 SPIN 之后，学过 SPIN 的高级面试人员会马上接受你，因为真正会使用 SPIN 的销售代表在中国还是很少见的，这正反映了暗示问题的第一个目的。

2. 第二个目的

暗示问题的第二个目的是帮助销售代表将隐藏性需求转化为明显性需求。

一个隐藏性需求要想转化为明显性需求需要经过以下几个阶段：

第一个阶段是发现问题点。

第二个阶段是看到客户有抱怨不满以及客户说出很多根本没有想到的有关他自己的隐私。但是，客户的抱怨和不满并不能告诉你，你的产品就能满足他的需求。在这个阶段，一定不要过早推出解决方案，否则容易引出很多反论，从而导致销售的中断。

第三个阶段是面对客户的抱怨和不满，销售代表要采用暗示问题的方法扩大这种抱怨和困难，将这些抱怨和困难引向深入，也就是要向隐藏性问题点的更深层次扩展，一直到客户说出他需要你的解决方案，否则别无他途。这就表明销售代表已经让客户将自己的隐藏性需求自主地表述为明显性需求，这就是暗示问题第二个重要目的。

任务分析：认识暗示问题的操作逻辑

客户可以分为操作者、预算者和决策者三类。操作者关心的是整个产品的标准、技术性能以及操作的精确性和售后服务等细节方面的东西；而对于预算者来说，他要负责平衡

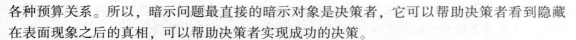

各种预算关系。所以，暗示问题最直接的暗示对象是决策者，它可以帮助决策者看到隐藏在表面现象之后的真相，可以帮助决策者实现成功的决策。

根据下面的例子，来认识一下暗示问题的操作逻辑。

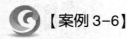

【案例3-6】

约翰有一辆旧车。一辆旧车可能会带给你以下三个方面的暗示：第一个是这辆旧车的轮胎已经旧了；第二个可能是它曾经跑了很多的公里数；第三个是一辆已经跑了那么多路、轮胎也旧了的车，很可能会出现一些不堪设想的危险情况。如果你曾经开车发生过一些危险，那么当你看到一辆旧车的时候，你的经历就会给自己许多相关的暗示，实际上一个暗示问题就意味着一个结果、一个事实。

当你向客户而且是针对客户的经历提出一个暗示问题的时候，客户就会告诉你相关的事情；但如果这位客户没有经历过你提出的那种暗示问题中的事情，并且也没有对此作过任何设想，这个时候，你一定要不断提出暗示问题，一定要引导他进行相关的设想。

例如，以旧轮胎为例，你可以问客户："如果你在高速公路上行驶，你的轮胎如果已经旧了，那会发生什么样事情呢？"这个时候，你的客户会告诉你："一般情况下不会这样，我会定期在3 000公里的时候进行检查。"这种回答看起来是一种回答，实际上却是一个反论。接下来你就要反问："是否每一次例行维护都能够保证轮胎不会出任何问题呢？谁都不能做这样的保证，对不对？要不然世界上就不会有车祸发生了。"当客户回答"是，是"的时候，你接着就要提出另一个暗示问题："如果发生了意想不到的情况，你用什么方法解决？"在这种情况下，客户会意识到如果轮胎出了问题，很可能任何应急办法都无法解决，这就使他逐渐认识到轮胎是一个关键因素。

暗示问题能够引导客户意识到一个问题的重要性，实际上它真正的作用在于能够提升你产品特性的价值，让客户觉得这个难点应该付出一定的价值或一定的成本去解决，同时也可以避免出现在成交阶段可能会发生的，因为客户还没有真正了解你产品的价值而不断和你讨价还价的情况。这是暗示问题在成交过程中一个突出的作用。

任何一个名词都有它的内涵和外延，以马蹄掌和战斗为例，马蹄掌的内涵就是马蹄掌，它和战斗是否能发生关系就要看你会不会有效使用暗示问题，通过使用暗示问题，销售代表可以将不同概念的外延连接起来。

（1）马蹄掌能让马跑得稳健快速，对不对？

（2）如果马跑得稳健快速就可以使马上的骑能更灵活地奔跑于战场之上，对不对？

（3）更灵活地奔跑于战场之上就便于更灵活的指挥战斗，对不对？

（4）更灵活地指挥战斗就可以提高战斗的成功率，对不对？

这是一种逻辑模式，使用了不断反问的询问方式使每种情况的外延都联结在了一起。不过，这种逻辑方式会让人觉得有些牵强，如果销售代表用暗示问题就会使逻辑看起来很合理了。

可以这样提问："请问你想过没有，如果马蹄掌没有非常好的质量，在马奔跑的时候，脱落了会怎么办？马蹄掌脱落了会对骑在马上的人有什么影响？骑在马上的人摔下马会对指挥战斗有什么影响？指挥战斗如果不利会对整个战役有什么影响？对战斗的胜负有什么影响？"由此可以发现，暗示询问的巧妙之处就在于它只是用了一个反向的询问，就让那些认为不可能联系的概念联系在一起了。

技能训练　着手策划暗示问题

1. 策划暗示问题的两个关键点

微课：顾问式销售之
提问暗示问题时机

策划暗示问题有两个关键点：

第一是一个暗示问题必须有一个明确的指向，同时最好能引发另一个暗示问题；

第二是几个暗示问题累积起来的效率必须指向一个问题，否则会使客户感觉模糊，一定要让他们知道你真正能够解决的是什么，以及究竟哪个是最重要的问题。

需要特殊强调的是：销售代表所面临的客户存在很多问题，销售代表的产品仅仅能解决他很多问题中的一部分问题，所以销售代表的产品，尤其是销售代表提出的围绕产品的暗示问题一定要指向产品的特性。

2. 策划暗示问题的四个步骤

第一个步骤是确定谈话方向。也就是销售代表确信已经向客户提出了非常明确的问题性询问。

第二个步骤是客户已经确认销售代表所提问题与询问的重要性。接下来才能策划针对这个非常重要的被确认的问题性询问的暗示问题。

第三个步骤就是做出暗示问题策划表。

第四个步骤是针对暗示问题策划表准备一些实际的暗示问题，以便于在销售过程中向客户提出。

【情景演练】

你的朋友帅乐是一个顾问，他每天驾着有 10 年车龄的车在相距 10 英里①的在郊区的家和办公室之间往返。他经常去旅行，每次都是去 20 英里以外的机场，把他的车放在长期停车场。当他不去旅行时，经常带着乡村的客户去市里开会，在晚上还会给他们展示当地的风光，或驾车去在市里或城郊的其他客户家。车子维修期间，妻子还要带他在修理厂与办公室之间穿梭，这就使得他们都不得不迟到或要早些离开家。

星期六下午，在帅乐家的院子中，他正在犹豫对他的那部老车要怎么办。他很担心，因为最近这部车已经两次进修理厂了。他让你帮助他考虑一下这个问题。

【分析思路】

①重读一遍上述的背景问题；

②一旦你理解了这个难题，看一看你能找出多少隐含需求；

③在下图的分框中，写下你找出的每一个暗示；

④在难题与暗示之间画箭头，表示出你看到的起因和结果之间联系的方式；

⑤看看可能的结果。

结合分析思路，对下图空缺处进行补充。

---

① 1 英里 = 1.609 344 千米。

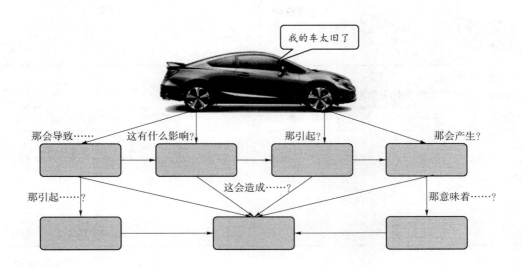

针对上图的分析结果，设计出你所要提出的暗示问题，同时进行总结。

暗示问题	
1	
2	
3	
4	
5	
6	
7	
暗示问题技能训练总结	

任务总结

　　暗示问题是 SPIN 技术中很重要的一种询问方式，它和隐藏性需求密切相关，是连接隐藏性需求与明显性需求的必不可少的桥梁，只有通过暗示问题，才能最终推进成交。需要掌握暗示问题的目的、对象以及操作逻辑，策划暗示问题的方法，并了解如何有效超越基本的暗示问题。

【练一练】

请填下表：

客户难题——公司员工负担过重。 请以一位顾问式销售代表的思维方式将以上的客户难题按要求转换。		
转化为一个"背景问题"	转化为一个"难点询问"	转化为三个"暗示问题"
		(1) (2) (3)

任务四　如何规划需求效益问题

任务分析：了解需求效益问题的目的

1. 第一个目的

需求效益问题的第一个目的是通过增加对策的吸引力来帮助销售。具体来说，就是从状况性询问了解客户的状况，用问题性询问确认客户的问题点和谈话的方向，依靠暗示性询问为产品的特性和客户的问题驾起一座有

效的桥梁，并且让客户逐渐认知产品特性对于解决客户问题的价值。而需求效益问题就是将客户的注意力从问题、从对策的细节逐渐引申到对对策本身的意义和未来的关注。

2. 第二个目的

需求效益问题的第二个目的是突出对策的重要性和意义。必须使用需求效益问题才能突出对策的重要性和意义，而且使用需求效益问题的一个重要目的正是突出对策的重要性和意义，因为对策的重要性和意义对于后期销售，尤其是对于成交阶段的销售是非常重要的。成交阶段销售代表的主要工作就是提供给客户一套完整的方案，尤其是给大客户代表在提交了方案建议书以后，如何有效地将方案建议书的价值和重要性突出给客户，比单纯地再去强调产品可以解决的问题以及产品的特性都重要得多。

3. 第三个目的

需求效益问题的第三个目的包括三方面的内容，具体包括：使客户注重对策的效益而不是难题；使客户说出对策的利益，而不是对策的细节；让客户解释你的对策，而不是销售代表自己来说明对策。

当销售代表的客户通过隐藏性需求说出抱怨时，例如销售代表的客户抱怨"这个车子

我确实觉得开起来不安全"，接着提出"我是不是真要考虑换一部车"，这就意味着客户的隐藏性需求已经逐步转化成了明显性需求，如果在这个时候销售代表就提出解决方案，该方案并不能让客户真正意识到他的问题必须现在就解决。在这个时候销售代表可以提出以下的需求效益问题：你为什么现在要换新车呢？你觉得换部车对你有什么帮助呢？你觉得换一部车能做哪些原先做不了的事呢？你觉得换了这部车以后能改变什么事情呢？

根据这些提问可以发现，销售代表并没有去谈论产品的特性，而是真正在强化一种未来的远景以及对未来的一种假设。要通过简单的需求效益问题让客户直接说出他的利益甚至一些事实。例如"哎呀，我有一个朋友换了一部车以后，他现在就敢去跑长途了"或者"我有一个朋友自从换了一部车以后，他的抱怨就好像少多了"或者"我有一个朋友换了一辆新车以后，很容易就通过了这次年检"，这些都是一种利益，这种利益不是由你来说出，而是让客户说出的。

任务分析：理解 ICE 模式

需求效益问题有一种简单的模式，通过这种简单的模式销售代表可以有效地使用需求确认的问题，这就是 ICE 模式。ICE 模式翻译成中文就是确认、弄清、扩大，在提需求确认问题的时候，至少要提三个，这样才能够真正强化客户对销售代表对策的注意，而不是对难题的注意。

1. 确认

例如，一位客户最终认可他要得到一个非常快的操作系统，在确认阶段，销售代表可以提出这样一个问题"一种更快的系统对你有什么帮助呢？"，这就避免了普通销售方式会直接采用的告诉客户自己的操作系统非常快，从而引出反论的情况出现。采用这条对话路径，接下来的结果就使客户赞同销售代表的说法，他会去憧憬未来的美好情形，这样做的目的就达到了。

2. 弄清

当客户认可了这点以后，销售代表还必须让客户弄清自己和客户讨论的是同一个概念。例如因为使用了一个最快的系统就减少了周转周期，同时降低了原来的周转周期的压力，这就使销售代表的客户对自己方案的重要性有了一个更深刻的认识。

3. 扩大

扩大的意义实际上是要在价值上增加销售代表产品特性的附加价值。例如一个更快的系统不仅可以"解放"销售代表的操作，更简便，当他的操作更简便的时候，他还可以做其他的事情，这样的扩大有可能在无形中提供给客户一个他原先从未想象到的思维空间。例如，销售代表向客户推销数控机床的时候，可以这样提问："如果你使用了数控机床，你想想除了能更简便地操作，它还能对你有什么样帮助呢？"销售代表的客户可能会告诉你："加工更精密了，废品率更低了，我们可以做原先做不了的零件了。"这些情况不是销售代表告诉客户的，而是客户告诉销售代表的。从这个角度来看，销售代表本身提供的产品、服务或方案的对策价值在这种事实上得到了印证，以至于销售代表在今后的谈判中可以告诉客户销售代表可以用更快的系统使他很方便，并且可以达到他原先根本不能达到的成本效率和工作领域，这是一个关键的承销技术。

案例解析：克服需求效益问题带来的反论

在你使用需求效益问题之前，销售代表一定要意识到每一个需求效益问题都将产生一个潜在的、不可预想的反论。对付这种反论有一个简单的解决模式，而且这种解决模式可以广泛运用。

这个标准模式包括以下四段对话：

第一句话是："设想你需要产品具有一种什么样的性能，会对你有什么帮助呢？"销售代表可以这样去询问客户，这是一个典型的需求效益问题模式。

第二句话是："是的，我明白有几种因素，你能解释它是如何帮助你的吗？"

第三句话是："这儿值得你去做吗？"

第四句话是："还有哪些方面对你有帮助呢？"

 【案例 3-7】

背景：以销售环保型的油漆为例，当你提出这样一个问题的时候，你的客户提出了反论，认为油漆的黏附度和油漆的成本很重要。你可以采用标准模式的对话来解决反论。

你可以问："设想你有一种环保型的油漆，那会对你有什么帮助呢？"

客户有可能回答："是的，环保型油漆当然非常受市场欢迎，尤其是我的营销商每次向我订货的时候，也不断强调说他的客户需要环保型油漆，但我不是最终用户，我的客户不仅要考虑环保性，同时要考虑油漆的成本，还要考虑油漆黏附度，因为它要常年贴在室外的墙壁上"。

下面是销售员用传统的标准式对话回答："是的，你刚才说的这个成本，你能解释一下为什么成本对于你也是很重要的吗？如果成本降低对你有什么帮助呢？"

客户有可能回答："如果成本低，又加上环保等，这对我的销售以及批发来说是非常有益的，而且我可以强于竞争对手，市场份额会增加。"

你接着说："是的，我明白，成本和黏附度确实是一个关键因素，但是，你能否就我们讨论的这个环保性话题详细解释一下，在你原先批发的过程中，环保性对你的批发有什么帮助呢？"（一定要记住这句问话）客户回答："如果没有环保性的油漆，可能我的经销商也不会进货，因为他的终端客户有可能非常强调环保性。"（客户又被你拉回到环保性这个概念上）

你接着说："这值得你去做吗？"或者"这一点是必须的吗？"

客户肯定说："当然这是必需的。"

你又问："你觉得环保标准非常高对你还有什么帮助？"

客户回答："如果是非常环保，现在市场……"

实际上，根据这个对话可以知道，销售人员首先要承认在大的生意中没有完美的解决方案；其次，又要坚持在销售过程中尽可能地使用标准的模式，包括语言模式、逻辑模式，以此来引导客户向适合销售代表解决方案特性和优点的方面来设想或是进行讨论。

技能训练　需求效益问题训练实战

ICE（确认、弄清、扩大）模式把这三个功能放在一起使你策划出不同水平的需求效益问题。例如：

你的产品或服务的力度 （你通常应告诉买方）	例如：可以得到最快的系统	
要确认的问题：这种质量优势是否可以帮助买方	要弄清的问题：买方需求的重要性	要扩大的问题：买方对这种力量的看法
例如：一个更快的系统有什么帮助？	例如：因为需要减少周转时间的压力，速度是不是很重要？	例如：一个更快的系统是不是解放你的操作，可以去做其他事情？

为了策划需求效益问题，以你已经开发出来的相关难题为基础，从买方的角度来考虑你对策的潜在效益。确信你确认了仍然需要通过问背景、难点问题，特别是暗示问题来弄清并开发的任何难题，以使买方很容易地接受这个效益。

现在，用你自己的事例来试试这个办法。

①写下买方可以从你的对策中得到的一个潜在效益。

②列出所有你需要用其他 SPIN 问题开发的问题，尤其是暗示问题，以使买方能强烈地感觉到需要一个对策。

产品/服务	
1. 买方效益可能的区域	
2. 在买方完全承认效益之前，你能解决的难题及要开发的需求	

任务总结

需求效益问题的使用要掌握时间，一般用在销售的后期。需求效益问题可以在最后阶段促成交易，因此，要认真学习。具体内容包括：需求效益问题的目的、ICE 模式、掌握需求效益问题的时间、为什么大生意中没有完美的对策、如何克服需求效益问题带来的反论、需求效益问题的意义。

技能训练　SPIN 销售技巧实战

理论指导实践需要依托工具，帮助销售人员做好销售规划，预判客户可能遇到的问题，拟定用于发现和解决这些问题的 SPIN 提问"清单"。表 3-2"销售访谈计划表"就是一个用于深度销售访谈的有效工具，设计 SPIN 提问，找到客户需求调查的路径。

表 3-2　销售访谈计划表

销售访谈计划表			
班　　级		团队名称	
团队队长		团队得分	
团队介绍（团队介绍及团队分析）			
了解自己（自身企业或产品优劣势、机会和挑战，能给客户解决什么问题）			
销售思路（准备如何开展本次销售活动）			
访谈目标（设定几个目标，取得销售进展而不是拖延）			
行动目标：			
承诺目标：			
围绕客户背景分析，设置 3~5 个围绕本次拜访目的的背景问题			
1			
2			
3			
4			
5			

续表

客户现状分析（围绕客户关注的三类人分析客户可能存在的难点、困难、不满等）	
客户存在问题、难点、不满、困难	存在问题的潜在影响（用于暗示性的内容，将客户存在问题放大）
1.	
2.	
3.	
需求效益总结（梳理通过上述分析，客户可能存在的需求、要求，对此你计划如何予以解决，能给客户带来什么收益）	

步骤1　做好销售访谈计划表

1. 访谈目标

设定两大目标，即行为目标与承诺目标，使销售访谈有方向、有效率。

行为目标是需要自己做到的事，致力于供需双方相互了解，发现商机，例如：

①了解客户业务情况。

②介绍你的企业。

③发现你的竞争对手。

④明确最终决策人。

⑤识别客户需求。

承诺目标是需要客户答应的事，未必成交，但一定能使销售取得进展，例如：

①获得试订单机会。

②约见客户决策人。

③提供产品试用。

④邀请实地考察。

⑤撰写提交建议书。

销售人员的任务就是获得客户承诺，持续取得销售进展。但是一项研究表明，在销售拜访中，仅有38%的人在努力要求承诺，其中一个重要原因就是销售人员没有设定承诺目标。持续稳定地获得客户承诺，做到"进门之前有目的，出门之后有结果"，销售周期可以缩短，客户对你的建议和方案也更有信心；反之，不设定承诺目标，销售拜访后就没了下文，客户对下一步要做什么也感到困惑，导致销售效率低下和机会流失。

2. 客户现状

写下你需要了解的有关客户在日常运营或当前项目开展等方面的现状、计划或关注等。访谈中，可以提问的方式找到这些重要的事实，这就是背景问题的设计。

3. 客户问题

写下你预判的客户可能存在的问题、困难或者不满等（对此你能给予解决）。访谈中，可以提问的方式求证问题的真相，这就是难点问题的设计。

4. 潜在影响

写下如果问题得不到解决，将会给客户带来的后果、作用或影响。访谈中，可以提问的方式引导客户关注问题背后的问题及其严重性、紧迫度，这就是暗示问题。

5. 客户需求

写下你希望客户考虑或提出的想法、要求（对此你能给予解决）。访谈中，可以提问的方式鼓励客户说出这些需求，并理解客户对解决方案的回报、效用、价值的看法，据此制定对策，这就是价值问题。

如前所述，优秀的销售人员总是以客户为中心，在访谈前预判客户的问题及影响。他们事先认真准备提问，而不是在访谈时临时发挥。访谈计划表就是这样一个有效的工具，帮助销售人员设计 SPIN 提问，站在客户角度考虑自己的产品，定位于问题解决者，做建设性拜访。

很多受训的销售人员说出了他们填表时的感觉：那一刻自己就是客户，体验了一种前所未有的对客户问题和需求的深度关切，一瞬间，发现了以往因只盯着自己的产品而屡屡忽略的机会点，灵感迸发，思路也更为清晰，甚至有一种马上见客户的"冲动"，因为这时他们满脑子都是如何能帮助客户的想法。

步骤 2　处理不清晰或不完整的需求

发现客户的需求大多从讨论客户的问题开始，但有时一开始客户就想讨论解决方案。例如，销售访谈刚开始，客户可能会说：

"我们需要一种降低运营成本的方法。"

"我们需要提高系统生产效率。我们知道你们公司在这方面有很多经验，请告诉我们。"

这时候该怎么办？没有经验的销售人员会立刻滔滔不绝地介绍自己的产品或服务，以及如何满足客户的需求。他们以为客户明确表示要找一个解决方案，这就是成交的机会。老练的销售人员不会掉进这个陷阱，他们明白，虽然客户明确表示想要解决问题，但并不意味着他们一定想要你的解决方案。所以，必须首先知道是什么问题使客户寻求改变，对客户造成了什么影响，客户要的又是什么，你能解决这些问题吗，又如何把客户的需求与自己的产品或服务联系起来。

最好的方法是提问，运用 SPIN 收集信息，发现问题，清晰、完整地理解客户的需求，进而强化客户的购买意愿和选择你的可能性。例如：

"降低运营成本很重要，我们能够在很多方面提供帮助，您认为当前亟待解决的问题是什么？"

"感谢您对我们的信任，提高系统生产效率确实很关键，我们也有很多成功经验，首先想了解一下目前你们在系统使用中的几个问题……"

首先是认同客户寻找解决方案的意愿，接着运用 SPIN 提问来获得完整清晰的理解，使访谈不知不觉地进入需求调查阶段。这样，你才有可能给自己的解决方案一个最好的定位，知道该说什么、该做什么。始终牢记一句话，对销售而言，会说的是新手，会问的是能手，会听的是高手。

 【案例 3-8】

失败的销售代表

一位工业自动控制系统行业的销售代表，其产品比竞争对手的价格高出一截，但这并没有成为交易的障碍。他销售的控制系统在某些技术设计上是竞品所不及的，所以最后大多能说服买家相信他的产品物有所值。

机会来了：一家即将落成的工厂发出招标邀请，采购全套工业自动化控制设备——一个能让所有投标者心动的大单。销售代表很有信心，自忖价格不是问题，因为之前他就通过内线得知采购委员会对自己公司产品的技术设计评价颇高。经验丰富的销售代表提前拟定了一份漂亮的产品建议书，说明自己产品的强项。在随后的招投标会上，他的发言也是精心准备，重申虽然他销售的系统贵 15% 却能为客户带来更多的效益。这一定是客户最在乎的，他这样想。

然而，让他意想不到的是，两周后招标结果出来了，最终拿到这笔丰厚订单的不是他，而是自己的竞争对手。

数月后，这位销售代表有机会与客户采购主管共进午餐，对方告诉他："我们很抱歉没有把订单给你，因为你的竞争对手能做到 6 周内设备全部到位，而你需要 12 周的时间。招标评估中，发货时间对我们是第一重要的，虽然当时我们更看好你的产品。""什么？"销售代表几乎跳了起来，"如果我知道发货时间对你们那么重要，5 周内我的设备就能全部到位！我当时说 12 周是因为我估计你们的厂房离竣工和做好安装准备至少还需要那么长的时间！"

这位销售代表的失误在于只看到了客户的需求，却没有清晰、完整地理解需求。过于主观的判断、询问与倾听的缺失，使他与机会失之交臂。相比之下，他的竞争对手很清醒并能击中客户要害。

步骤 3　明确 SPIN 应用误区与注意事项

1. 归类问题

不要纠缠在 SPIN 问题的"归类"上。某一提问应该归入难点问题还是暗示问题，这不是 SPIN 的目标。SPIN 不是把你培养成行为学研究者，而是告诉你有不同种类的提问会影响销售的成功，并且教你熟练地运用这些提问。

2. 避免操纵话题

一些销售人员在开始使用 SPIN 时，最大的错误是过度操纵访谈。他们有选择地讨论客户问题，决定谈话的方向。这是一个严重而得不偿失的错误，不但使客户感到不快，还有可能破坏销售成功的机会。

诚然，在某些情况下你必须主导话题，但别忘了客户明白自己的问题和需求，至少是部分问题和需求。他们不一定有完整的了解，也不是总有迫切改变现状的愿望。但客户既然答应见你，说明心里有话要说，想和你讨论某个问题或需求。在这种情况下，最有效的方法是鼓励客户说出来，提出一些普通的问题，例如：

①您在寻找什么解决方案？

②您想改变什么？

③什么问题需要解决？

④您想达到什么样的目标？

⑤您在试图改进什么？

一旦客户开口，你就可以利用 SPIN 的各种提问发现问题，引导需求。记住，销售人员必须明白客户心中的想法。也许你和你的竞争对手同样能解决客户的问题，但如果不给客户提问题的机会，客户就不知道你的能力所在。

3. 次序问题

一些销售人员采用一次发掘一种需求的方式，然后解释自己的产品和服务如何能够满足这种需求，转而继续发掘下一个需求。

一些销售人员先把客户所有的问题都摆出来，然后针对那些自己认为最有潜力或擅长的问题，选择性地使用暗示问题和价值问题。

一些销售人员在提出解决方案之前，尽可能发掘客户的多种需求，然后拿出一个"总体解决方案"，来满足客户的全部或大部分需求。

关于上述情形，不存在"最好"一说，应视实际情况而定。你必须调整对话方式以适应特定的客户习惯。

如果客户正向你提供多个问题或需求的切实有用的信息，让他们说下去。不要仅仅因为你想一次解决一个需求而打断客户。鼓励客户一直说下去，必要时做笔记，帮助你回想客户所说的内容。

如果你喜欢在讨论解决方案前一次性挖掘客户的所有问题或需求，记住，信息需要及时交换。只有非常耐心的客户才会在讨论解决方案前不厌其烦地回答问题。如果发现客户变得不耐烦，最好提出解决方案或部分解决方案，以免客户失去兴趣。提供了信息后，可以继续提问。

4. 创造客户愿望

Huthwaite 的研究发现，成功的销售人员能够使客户有解决问题的意愿和紧迫感，这是他们与普通销售人员的区别。有两种方法可以影响客户解决问题的意愿。

①询问难点问题和暗示问题，揭示客户问题的大小、范围和严重程度。问题越严重，客户就越有可能寻求解决方案。

②询问价值问题，获得客户对解决问题所能得到的回报的看法，鼓励客户主动说出解决方案带来的效益，使他们从"消极思维"（问题）转向"积极思维"（回报），用来增强承诺的意愿和参与感。最后，价值问题还可以帮助你为解决方案做出最佳定位，使之为客户满意和接受。

5. 选对问题

成功的销售人员清楚自己的产品或服务所能够解决的问题，还知道客户在某种情况下最有可能出现什么问题。也就是说，成功的销售人员擅长选择那些对客户而言更有可能出

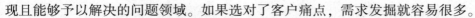

现且能够予以解决的问题领域。如果选对了客户痛点，需求发掘就容易很多。

选择"对"的问题需要销售人员拥有扎实的产品知识、市场知识、竞争知识和客户知识，还需要在每个访谈之前做好计划。

6. 提问不是审问

作为销售人员，你想从客户那里获取信息。但必须记住，访谈的目的是解决问题，而不是审问。有几种方法可以避免"审问式访谈"。

首先，提问方式要有变化，避免重复使用同一类用语，例如：

不要重复问，可以采用多种措辞：

①它怎样节约时间？这对公司运营将会产生怎样的省时效果？

②它怎样减少成本？在财务上会带来什么样的影响？

③它怎样节省预算？估计在预算方面有多大的节约潜力？

其次，使用能把提问和客户的表述或回答关联起来的措辞（过渡性用语）。这样交谈会更自然，也显示你在倾听并重视他的讲话。例如：

①电话里您提到了对系统的一些担忧，现在使用什么系统？

②这的确让人烦恼。假如在这方面有问题，我想您在_____方面也会有问题，是这样吗？

③我明白了。既然是这样，还有什么其他方面受到了影响？

④以前您说_____方面有问题，这些问题如何影响刚才您所说的现状？

⑤您想升级系统，很好，我们能提供一个整体的解决方案，您最希望哪方面有改善？

⑥我们知道，处理时间对您来说最重要。如果缩短处理时间，对财务会有什么帮助？

最后，认真听客户讲话。有时销售人员过于专注提问，忘了听讲。忽视客户讲话，客户必然厌烦或冷落你。通过语言和非语言的行为，让客户看到您正在听他讲话。例如：

①点头，做出适当的表情，保持眼神接触，记笔记，表示对客户的话感兴趣。

②转述客户的讲话重点，例如，"这个问题不仅影响一个部门，事实上已波及了整个公司，您是这个意思吗"，或者"您是说那不是处理速度的问题，而是质量控制的问题，是吗"。

使用以上有关联作用的措辞，表明你正在倾听客户讲话，并且很重视客户的信息、想法和意见。

实战任务说明：SPIN 销售技巧实战采用分组进行实战，每组成员由 3~5 位学生组成，每组成员设立领导岗位 1 名，销售经理 1~2 名，技术经理 1~2 名。通过对目标客户进行分析，按照要求完成销售拜访计划书，并预约客户进行商务拜访情景模拟实战，最终实现销售目标。

【思政链接3-4】

如何通过实战，掌握团队协作的魅力。

【议一议】本次实战任务采用小组团队任务方式进行，各小组进行内部分工，团队协作，那么作为小组的一分子，在任务实施过程中，你如何融入团队积极配合团队完成任务？在团队成员之间产生异议时，你又是如何来处理的？每个同学设置的岗位职责不一样，你是否有过换位思考？

任务评价

任务名称			SPIN 销售技巧实战			
公司名称				组长		
岗位 1				岗位 2		
岗位 3				岗位 4		
岗位 5				岗位 6		
销售拜访计划书（满分 100 分）						
序号	知识考核点		客户评价（40%）	教师评价（60%）	单项分值	实际得分
1	团队组建完整合理				10	
2	目标明确，产品 SWOT 分析到位				10	
3	合理规划背景问题				20	
4	合理规划难点问题				20	
5	合理规划暗示问题				20	
6	合理规划需求效益问题				20	
销售拜访计划书总得分						
客户拜访情景模拟						
序号	知识考核点		客户评价（40%）	教师评价（60%）	单项分值	实际得分
1	恰当使用破冰技巧，沟通融洽				10	
2	背景问题提问时机把握恰当				15	
3	难点问题提问时机把握恰当				15	
4	暗示问题提问时机把握恰当				15	
5	需求效益问题提问时机把握恰当				15	
6	运用 FABE 法则对产品进行呈现，收效明显				20	
7	成功挖掘客户需求，商务拜访达到预设目标				10	
客户拜访情景模拟总得分						

说明：单项分值指对于该项分值的总分，对于每一项客户评价满分等于单项分值×40%，教师评价满分等于单项分值的 60%，单项实际得分=客户评价分值+教师评价得分。

项目小结

本项目主要介绍了为什么需要挖掘顾客需求，应该如何进行需求挖掘。重点介绍了如何采用基于 SPIN 话术的顾问式销售技巧，详细描述了 SPIN 销售技巧中各种提问问题设计技巧及注意要点，通过实战演练，依托销售拜访计划表，帮助销售人员做好销售规划，预判客户可能遇到的问题，便于销售代表更高效地挖掘出顾客需求。

思考与练习

一、选择题

1. 以下哪些提问是背景问题？（　　　）

A. 这个工厂平均每周的产量是多少？

B. 在这个场所你有多少库存？

C. 你对于后续订单上的任何产品有困难吗？

D. 你对补充系统满意吗？

E. 你正在开始面临来自小分包商的巨大竞争，我说的对吗？

F. 你不担心使用的增加会提高你们的保养成本？

2. 下面哪些是高风险的背景问题？（　　　）

A. 销售周期的末期

B. 与新的可能买主

C. 情况改变了

D. 与你的产品或服务无关的业务领域

3. 更有效地使用背景问题可以通过（　　　）。

A. 对买方操作的每一个细节提问

B. 把你的问题与买方的陈述相联系

C. 注重你可以解决的能揭示买方难题的那些方面

4. 下列问题哪些是难点问题？（　　　）

A. 你这儿雇了多少人

B. 重新招募技术熟练的人难吗

C. 人员更换方面有困难吗

D. 在控制质量方面你有困难吗

E. 去年一年中你的公司扩大了多少

F. 这个程序中的某个部分的成本比你希望的高了吗

5. 检查一下下列哪种状况对你问难点问题来说是低风险区域？（　　　）

A. 你已经找到了对你产品的明确需求，并进入到销售的最后阶段

B. 在你与买方的第一次会谈期间，买方告诉你他们在过去的三年中一直在用你的竞争

125

对手的产品

    C. 你已经收集到关于买方状况的基本信息，并且正在疑惑接下来要做什么

    D. 买方已经在大量使用你的产品，而你正在做的是要求续签合同

    E. 在你的产品强项方面，买方正在用的系统存在着重大的技术难题

  6. 下列例子哪些是暗示问题？（　　　）

    A. 你关心增加的工作负担吗

    B. 增加了的工作负担对你主要员工的更换有什么影响

    C. 主要员工的缺乏是否影响了你对客户生意的反应速度

    D. 你担心生产出的产品的质量吗

    E. 你正面临着重新招募有专业技能的员工的困难吗

    F. 这些员工方面的困难是否使你丢掉了一些客户

  7. 下列哪些情况使暗示问题有高风险？（　　　）

    A. 当买方不清楚一个难题的重要性时

    B. 在销售的初期

    C. 无论怎样你也不能解决买方的难题时

  8. 以下属于提问需求效益问题的时机的是（　　　）。

    A. 你已经发现一个买方难题之前的销售早期

    B. 在你例证了你的产品或服务的能力之后

    C. 在你介绍了你的对策之前，你已经开发买方的难题之后

二、简答题

1. 简单描述背景问题的目的是什么。

2. 为什么需要进行难点问题的提问？

3. 暗示性问题的目的是什么？

4. 在规划需求与效益问题中，通常所采用的 ICE 模式具体指什么？

模块四

ICT 营销技巧实战——客户拜访

"只要肯干活，就能卖出去"的观念已经过时了！取而代之的是"周详计划，省时省力！"拜访时的参与者只有顾客，要想取得进步首先要以挑剔的眼光看待自己的努力，然后决定做什么。

上门拜访顾客尤其是第一次上门拜访顾客，难免相互存在一点儿戒心，不容易放松心情，因此销售人员要特别重视我们留给别人的第一印象，成功的拜访形象可以在成功之路上助你一臂之力。

小周是一家消费品公司负责开拓集团消费业务的一名业务人员，他就经常说起他拜访客户时的苦恼。他说他最担心拜访新客户，特别是初访，新客户往往就是避而不见或者就是在面谈二三分钟后表露出不耐烦的情形。

面对如此问题，我们需要在拜访客户前准备好以下问题：

你明确地知道初次拜访客户的主要目的吗？

在见你的客户时你做了哪些细致的准备工作？

在见你的客户前，你通过别人了解过他的一些情况吗？

在初次见到你的客户时，你跟他说的前三句话是什么？

在与客户面谈的时间里，你发现是你说的话多，还是客户说的话多？

知识目标

- 了解客户拜访的基本流程
- 掌握客户拜访的准备工作
- 理解客户拜访需要完成的准备工作有哪些
- 了解消除客户顾虑的方法

技能目标

- 认识客户拜访需要完成哪些任务
- 能够按要求制订客户拜访计划

如何开展客户拜访

【项目导读】

客户拜访就是到客户所在地进行沟通，作用就是了解客户情况，解决问题，促进合作。古人云：买卖不成情义在。即使我们失去一次做成一笔生意的机会，但由于这次访问的投入，我们不是可以收获好的感情交流吗？这一次的不成功，自然可以成为下一次成功的伏笔，把一个良好的印象深深地刻在客户的脑海里，它甚至比做成一笔生意重要得多，因为生意永远是做不完的。

【任务引入】

"拜访"一词，在互动百科上的解释是指短时间看望，访问他人的敬词，也就是（敬辞）访问的意思。在 MBA 智库的解释是：拜访是指企业为了收集信息、发现需求、促进参与、改善沟通而采取的活动。

客户拜访可谓是最基础最日常的工作了，市场调查需要拜访客户、新品推广需要拜访客户、销售促进需要拜访客户、客情维护还是需要拜访客户。

客户拜访基本流程一般为拜访准备、客户预约、登门拜访、业务洽谈、业务完成、客户维系。

【相关知识】

了解客户拜访的目的

通常销售人员每次拜访客户的目的应至少包括以下五个方面：

1. 建设客情

销售人员要在客户心中建立自己个人的品牌形象，这有助于你赢得客户对你工作的配合和支持。

2. 市场维护

没有维护的市场是昙花一现。销售人员要处理好市场运作中的问题，解决客户之间的矛盾，理顺渠道间的关系，确保市场的稳定。

3. 销售产品

销售产品是拜访客户的主要任务。

4. 信息收集

销售人员要随时了解市场情况，监控市场动态（表4-1）。

①工程的概况（具体项目名称，何时施工，基本配置）。

②间接了解资金链情况（了解过去所做的项目情况，上网查找甲方的口碑如何）。

③间接了解同一个项目有何竞争对手（举例说明竞争对手的设备优势与劣势，不要回避同行竞争对手，说出我与其他公司的不同之处）。

表4-1　拜访客户前信息准备表

拜访公司信息	公司规模	
	公司产品	
	公司存在的问题	
竞争对手信息	竞争对手产品价格	
	竞争对手产品优势	
	竞争对手产品劣势	
	客户对竞争对手评价	
本产品信息	产品价格	
	产品价值	
	产品提供客户的利益	

5. 指导客户

销售人员分为两种类型：一是只会向客户要订单的人，二是给客户出主意的人。前一种类型的销售人员获得订单的道路将会很漫长，后一种类型的销售人员会赢得客户的尊敬。

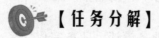【任务分解】

任务一　开展客户拜访准备工作

微课：客户拜访
准备工作

要实现上述五大任务，销售人员在拜访客户时，应做好以下十二件工作。

（一）销售准备

对于销售而言，失败的准备就是准备着失败。销售人员在拜访客户之前，就要为成功奠定良好的基础。销售准备工作应该包括：

①掌握资源。

②有明确的销售目标和计划。

③掌握专业推销技巧。

④整理好个人形象。

⑤带全必备的销售工具（样品、有关报道、订货单、产品说明书、报价单等资料）。

（二）行动反省

销售人员要将自己上次拜访客户的情况做一个反省、检讨，发现不足之处，及时改进。销售人员可分为两种类型：做与不做的；认真做与不认真做的；工作完成后总结与不总结的；改进与不改进的；进步与不进步的。结果，前一类人成功了，后一类人失败了。

需要反思的内容有：

①上级指令是否按要求落实了？

②未完成的任务是否跟踪处理了？

③客户承诺是否兑现了？

④今后几天工作的计划、安排。

（三）比较客户价格

我国企业市场运作的经验说明，市场乱是从价格乱开始的，价格的混乱必定导致市场的混乱，因此管理市场的核心是管理价格。销售人员要管理价格，首先要了解经销商对企业价格政策的执行情况。销售人员要了解以下方面的情况：

①不同客户销售价格比较。

②同一客户不同时期价格比较。

③进货价与零售价格比较。

④了解竞品价格。

（四）了解客户库存

了解客户的库存情况，是销售人员的基本责任。

①库存产品占销售额的比例。

②自己产品占库存产品比例。

③哪些产品周转快、哪些慢。

④库存数量、品种有无明显变化。

（五）了解客户销售情况

只有了解客户销售的具体情况，才能发现问题，进行指导，做好销售。

①公司主销产品、盈利产品、滞销产品是什么，占客户总销售额的比例，竞品能销多少。目的是了解在当地市场上，我们的产品和竞品，哪些品种卖得好，哪些卖得不好？

②能否做到专柜专卖，样品是否按规定摆足、显眼、更换。

③公司标志、广告宣传资料是否齐全，环境是否整洁、清爽。

④导购服务是否规范。

（六）核对客户账物

销售人员不仅要提高销售量，更要提高销售的含金量。降低货款风险，是提高含金量的重要方法。

①对照客户铺底额度，核对客户实际铺底数、抵押物及其数量。

②书面确认客户已付款未结算、预付款及应收款数。

③及时清理历史遗留问题，明确债权债务。

④定期与客户共同进行账款物核对，并做到降价时即时点库。

（七）检查售后服务及促销政策

了解总经销商对二批商、零售商提供服务的情况。客户是否按照企业的服务政策和制度为顾客提供服务？对二批商和零售商的促销政策，要通过经销商来落实，销售人员要了解经销商执行促销政策的情况，有没有问题，如侵吞促销品。

（八）收集市场信息

①了解准客户资料。企业的客户队伍是不断调整的，销售人员要了解在当地市场上潜在客户的资料。当企业调整客户时，有后备的客户资源可以使用。

②通过巡访客户和其他媒介，调查了解竞争对手的渠道、价格、产品、广告促销办法及市场占有率。

③了解并落实条幅广告、POP 等，组织现场促销。

④调查客户资信及其变动情况。

（九）建议客户订货

销售人员在了解客户的销售、库存情况的基础上，向客户介绍产品及销售意图，如公司新的促销方案，回答客户提出的问题，根据安全库存数，建议客户订货。

（十）客户沟通

经常与客户沟通，能拉近我们与客户之间的关系，销售实践说明，再大的问题也能通过良好的沟通圆满地解决。企业与客户之间的矛盾很多是因为沟通不良造成的。

①介绍企业信息。

②介绍销售信息。

③竞品信息。

（十一）客户指导

销售人员在拜访客户时，帮助客户发现问题，提出解决办法，是双赢的做法。在某企业培训时，该企业一位销售经理，每次在拜访客户时，不是坐在客户办公室里和客户东拉西扯说闲话，而是到客户的店面和仓库看看，到市场、批发商和零售终端转转，和经销商手下的人谈谈，然后再回到经销商办公室里和经销商一起想办法，解决问题，扩大销量。优秀销售人员的经验就是，请客户吃百顿饭，不如为客户做件实事。

①培训。

②顾问式销售。

③服务。

④处理客户投诉。

（十二）行政工作

在拜访客户结束后，销售人员还要做好以下工作：

①填写销售报告及拜访客户记录卡。

②落实对客户的承诺。

③评估销售业绩。对拜访目标和实际结果进行比较分析，目的是让销售人员把重点放到销售成果上，同时提醒自己，多思考改进的方法并且在下一次的拜访中落实这些步骤。

a. 是否达成拜访目标？如果没有达成，检讨分析原因。

b. 想想自己的优点是什么？哪些方面还需要改进？把它们写下来。

任务二 制订客户拜访计划书

客户拜访计划书应包含以下内容：

一、拜访前需要准备的内容

需要准备的内容有：

（一）制订拜访日计划

根据下月工作计划、下周工作计划，制订本阶段对应的分销商拜访计划。并做到合理设计路线，避免时间浪费以及临时有事的计划。

（二）明确拜访目的

要明确写出商务拜访的目的，例如：

①向客户推销产品，争取得到客户认同或代销我们公司产品；

②询问我们产品的不足，得到反馈意见，为以后产品改良提供经验。

（三）提前进行预约

对于拜访的客户，提前两天进行电话预约，并在电话明确到达时间和地点。

例如下面的拜访任务资料中，对于拜访客户的姓名、时间、地点都应提前写明。

（四）查看历史记录

查阅并根据之前的拜访客户记录，进一步梳理本次拜访的目的及拜访的内容。

（五）状态及装备准备

1. 专业状态准备

①精神面貌：精神抖擞，斗志昂扬，掌握自信之度；

②仪态外表：头发整齐，胡须刮净，保持清洁程度；

③着装要求：干净整洁，穿着得体，色彩搭配有度；

④言谈举止：尊重别人，举止大方，拥有翩翩风度。

一般来说，一个人的体态、姿势、谈吐、衣着打扮，在一定程度上反映这个人的内在素养和个性特征。传递给客户正面、积极、专业、充满爱心、对事业抱有热忱，即可能获得客户的接纳。

a. 仪表得体、专业

人的第一印象从衣着体现出来的，比如鞋子、领带、发型、脸颊、笑容、指甲等，看上去整齐、清洁、自然。衣着风格原则是得体，以稳重大方为主，不穿奇装异服以及过度暴露的服装，衣服颜色不要过于艳丽、扎眼。

b. 清爽而大方的妆容

女士最好化一点淡妆，这是对客户表示尊重和礼貌，如果要画眼影，不要用大红大绿、过于夸张的颜色，尽量选择淡颜色，给人以大方的感觉。男士，虽不用化妆，但一定保持脸部干净，不要胡子拉碴。

c. 公文包勿携太多私人物品

男士携带一个正式的公文包即可；女士不要提拎太大的包，要与职业装相搭配。如果需带电脑则用专业的提包。

d. 礼貌待人，语调柔和

待人接物要有礼貌，尽量微笑点头示意。无论面对客户，还是客户的家人，都要主动打招呼，让对方感到亲近，展现个人教养，接近彼此距离。

e. 面带温暖而愉悦的微笑

微笑可以拉近人和人的距离，降低对方的防卫心，逐渐打开心门。做销售工作，微笑更是亮丽的名片。行销之神原一平善于运用不同的笑容拉近与客户之间的距离，一笑值千金，"没有人会对发自真心的笑生气"，笑容可以去除他人的防备心。发自内心的、真心的、令人感到温暖而又愉快的微笑能给你留下宽厚、谦和、含蓄、亲近等印象。

f. 真诚赞美，真挚肯定客户长处

赞赏他人时要试着细心观察对方，了解他平时的谈吐和行为举止，并从对方身上发觉到别人没看到的优点，如果因为你的观察而被发现了，对方一定深受感动。逢迎、拍马式的赞美，不仅让自己成为令人讨厌的人，更会让被赞美者心生反感。

g. 善接话头，让客户喜欢与你交谈

懂得说话的人，绝非自己喋喋不休一直讲，而是懂得顺着别人的话，适时提问与参与意见，让对方愈讲愈起劲，觉得遇到知音。即学会"接话的艺术"，其秘诀在于预先准备话题，人们一听到自己关心、感兴趣的话题，自然会想聊下去。有两个方面话题：个人，如工作地点、所属单位、职位、出生地、母校、兴趣爱好、个性等；公司，如所属行业、员工数、历史、董事、营业概况、客户等。接对话头，聊起来会觉十分亲切，"人际关系是从对话开始"。

2. 业务装备准备

①基础工具：名片、业务包、签字笔、笔记本、计算器、终端走访手册、可向客户公开的公司流程类文件；

②销售工具：促销活动方案、存登记表、订单；

③推广工具：产品目录、产品手册、企业宣传资料、公司政策文件；

④终端工具：机贴、单页、立牌、海报、终端展示规范；

⑤售后工具：服务宣传卡片、售后服务咨询手册等。

二、拜访时的执行工作

（一）客户预约

前提背景：客户预约需注意前提，对客户有初步的了解或接触，有客户的联系方式可进行电话预约拜访。若无则直接进行上门拜访。

【案例4-1】

预约说辞：（若电话之前无任何联系）您好，是××经理吗？您好，我这边是××××的，冒昧打扰您一下，我们是一家专门做××××的公司，打电话给您想去拜访您一下，不知道您下午在不在办公室的（注意：限定对方时间突出"下午"）。

回答在办公室，则接：那好的，我下午一点钟左右到您办公室，您看方便吧。

回答不在或说下午没时间，则接：这样啊，既然您不在，那明天不知道您什么时候有时间（注意：一定要注意时间的限定，问明天或者后天有没有时间，而不是问那您什么时候有时间，将其考虑时间限制在明后两天，实在没时间再另寻出路）？约定时间后则接：那好的，我在×××时候去拜访您，那您先忙。挂断电话。

（二）登门拜访

1. 拜访路线记录

记录拜访路线、交通工具（类型/班次等）及费用、拜访及乘坐交通工具起始时间，为下一次拜访及进行拜访计划做准备。

2. 登记客户信息

对拜访客户的电话、姓名，地址、传真、E-mail等基础信息进行登记及完善。

3. 执行常规工作

①自我介绍：让对方了解我们公司的情况和这次来拜访的主要目的。

②产品推广：针对公司发布的产品进行着重介绍，从产品质量、价格到售后服务政策、出样政策、推广方案进行一一沟通。

③政策宣贯：对公司发展策略、市场策略、推广策略、服务举措等政策性文件进行宣

传及沟通。

④售后服务跟踪：

a. 产品维护问题；

b. 处理现在出现的问题。

⑤关系拓展：与客户进行情感交流，建立联系，记录客户家庭情况、生日信息、个人爱好等，便于关系维护。

⑥异议处理：了解客户的意见和建议，并进行记录。

⑦市场了解：除对本公司产品销售情况进行了解外，还需要了解其他品牌产品销售情况（包括价格、出样、活动、政策等），并及时对搜集的信息进行记录、分析、应用。

4. 见面拜访的基本步骤

步骤 1：向客户打招呼和问候，寒暄客户关系。

【案例 4-2】

打招呼：在客户未开口之前，以亲切的音调向客户打招呼问候，如："××经理，早上好！"

自我介绍：介绍公司名称及自己姓名，并将名片双手递上。在与客户交换名片后，对客户抽时间见自己表达谢意。如："这是我的名片，谢谢您能抽出时间让我见到您！"

破冰：营造一个好的气氛，以拉近彼此之间的距离，缓和客户对陌生人来访的紧张情绪。如："×经理，我是您部门的××介绍来的，听他说，你是一个很××、××的领导。"

首次见面开场白的结构：提出议程；陈述议程对客户的价值；时间约定；询问是否接受。如："×经理，今天我是专门来向您了解你们公司对××产品的一些需求情况，通过知道你们明确的计划和需求后，我可以为你们提供更方便的服务，我们谈的时间大约只需要五分钟，您看可以吗？"

二次拜访开场白的结构："×经理，上次您谈到在订购××产品时碰到几个问题，它们分别是……，这次我们根据您所谈到的问题专门做了一套计划和方案，这套计划的优点是……。通过这套方案，您看能不能解决您所碰到的问题，我现在给您做一下简单的汇报，时间大约需要十五分钟，您看可以吗？"

步骤 2：向客户介绍自己公司的产品，并将适合的产品介绍给他，看是否可以选择我们公司的产品。

【案例 4-3】

（1）设计好问题漏斗

通过询问客户来达到探寻客户需求的真正目的，这是营销人员最基本的销售技巧，在询问客户时，问题面要采用由宽到窄的方式逐渐进行深度探寻。

如："×经理，您能不能介绍一下贵公司今年总体的商品销售趋势和情况？""贵公司在哪些方面有重点需求？""贵公司对××产品的需求情况，您能介绍一下吗？"

（2）结合运用扩大询问法和限定询问法

采用扩大询问法，可以让客户自由地发挥，让他多说，让我们知道更多的东西；采用限定询问法，可让客户始终不远离会谈的主题，限定客户回答问题的方向。在询问客户时，营销人员经常会犯的毛病就是"封闭话题"。

如："×经理，贵公司的产品需求计划是如何报审的呢？"这就是一个扩大式的询问法。如："×经理，像我们提交的一些供货计划，是需要通过您的审批后才能在下面的部门去落实吗？"这是一个典型的限定询问法；而营销人员千万不要采用封闭话题式的询问法，来代替客户作答，以造成对话的中止，如："×经理，你们每个月销售××产品大概是六万元，对吧？"

（3）对客户谈到的要点进行总结并确认

根据会谈过程中所记下的重点，对客户所谈到的内容进行简单总结，确保清楚、完整，并得到客户一致同意。

如："×经理，今天我跟您约定的时间已经到了，今天很高兴从您这里听到了这么多宝贵的信息，真的很感谢您！您今天所谈到的内容一是关于……二是关于……三是关于……，是这些，对吗？"

步骤 3：对客户新的要求进行记录，看是否可以满足。

步骤 4：结束拜访工作时，拜访人员需要请分销商对拜访信息进行确认，当日或者次日签订合同。

【案例 4-4】

在结束初次拜访时，营销人员应该再次确认一下本次来访的主要目的是否达到，然后向客户叙述下次拜访的目的、约定下次拜访的时间。

如："×经理，今天很感谢您用这么长的时间给我提供了这么多宝贵的信息，根据你今天所谈到的内容，我将回去好好做一个供货计划方案，然后再来向您汇报，我下周二上午将方案带过来让您审阅，您看可以吗？"

步骤 5：向客户微笑道别。

【案例 4-5】

告辞说辞：×经理，这个资料您先看一下，您也挺忙的，打扰您那么长时间也挺不好意思的，那我就先回去了，如果资料有什么不明确的地方您随时打电话给我（起身准备离开，有必要的时候可与对方握手）。那我先走，下次我再过来拜访您（留下伏笔，为下次拜访作准备）。

三、拜访后的工作

商务拜访完成后，同样还有一些需要进行的工作。

1. 信息整理

拜访结束的当天对拜访工作进行总结，分类整理以下信息：

①销售信息：对客户订单或意向订单信息、出样信息进行整理；

②推广信息：店招资源信息、终端照片、终端规范情况反馈、当地节假日信息（含赶集、庙会、乡镇特色节日、分销卖场纪念日/活动日信息）、分销卖场附近的户外大喷发布信息、竞争对手或其他品类特色促销信息等；

③人员信息：客户或客户关系拓展信息；

④市场信息：竞品及其他客户信息；

⑤客户意见及建议：客户对产品质量、分销政策、售后服务、合同规范、品牌宣传等。

2. 信息分析及应用

把整理好的信息，分别进行分析，并采取以下措施：

①完善客户资料：将拜访时获得的客户基础类信息完善到客户信息登记表中。

②快速实现销售：根据客户信息进行汇总分析，对于当次已完成销售订单在3日内跟进确认；对于当次未完成订单，则根据拜访信息、结合市场情况及公司政策制定相应的短期销售策略。

③组织促销活动：根据当地节假日分布（把握销售节奏）、消费特点、竞争对手态势，结合分公司及代理平台资源情况，主动出击，组织策划活动。

④及时处理异议：对于客户提出的意见，不能给予现场回复的，要根据意见内容，向公司职能人员及分公司经理汇报，并确保在1个工作日内响应客户，3个工作日回复处理方案，特别是售后信息的处理，拜访人员必须跟进直到解决为止。

⑤为下次做准备：下次拜访时要注意，对于客户当次提出的问题、自己现场发现的问题是否已经解决，如未解决如何沟通及处理，如已解决如何强化效果。

任务三　建立客户信任

微课：如何建立客户信任

一、如何建立客户信任

建立客户信任是完成销售的前提，是购买循环的重要环节，只有客户的信任才能促成交易的达成。日常销售过程中，客户对于陌生销售的反应通常是冷淡、怀疑、轻视甚至是敌意的，而只有消除这些负面态度，赢得客户信任，才能进行下一步销售动作，完成销售目标。

客户信任的建立通常可以从以下几方面考虑。

比如：关系推荐，得体的穿着与仪容，微笑、眼神、说话节奏、得当的肢体语言，合理的赞美以及寻求共同的话题。除此之外，学会倾听、丰富的专业知识、有效的商务理由、学会讲故事以及恰当地提出建议也会有利于客户信任的建立。

1. 关系推荐的妙用

在销售过程中有一种销售叫关系营销，利用已有的关系网去完成销售过程，往往已有关系的推荐在拜访陌生客户破冰环节中，可以迅速建立客户信任。比如一份推荐电话、推荐邮件或推荐信。推荐信就是常用的一种推荐方式，是一个人为推荐另一个人去接受某个职位或参与某项工作而写的信件。在销售实践活动中，"朋友多好办事"就是这个道理。

温州人有这样一句关系哲学："有关系就没有关系，没有关系就有关系，没有关系的找关系，找了关系就没有关系。"这句话应用于信息通信行业的销售仍然十分贴切。

在信息通信行业产品采购中有四类重要影响的客户：决策人、技术人、购买人、使用人。而销售成功的关键之一，就是要在这些重要影响的客户中，获得信任并促成销售的决策。

使用人：由于他可以评价产品对工作效率的影响，因此也影响着客户的采购决策。如果获得客户企业的使用人中的信任，则会发现在产品销售机会和方案改进的确切方向，他为你投上赞成的一票，可以使你多一分胜算。

购买人：控制着企业的采购成本。如果能够获得购买人的信任，就可以获得一个很好的价格和付款条件。

技术人：一个可以说 NO 的人。尤其在技术复杂的产品中，占据着十足的重要地位，因此，你需要格外"笼络"他。当获得技术人的信任，则可以获得更多的技术需求信息，进一步获取客户对产品的信任。

决策人：最后的拍板者。获得决策人的信任，无疑会使销售变得简单许多。

2. 得体的穿着与仪容，微笑、眼神、说话节奏、肢体语言得当

建立客户信任，客户对你的第一印象就十分重要，而得体的穿戴和仪容能让你给客户建立很好的第一印象。

客户看到你的很短时间内，对你的第一印象就基本形成了，这就是我们常说的"三秒"印象，而印象有 60% 取决于你的外表，另外 40% 则取决于你的声音及谈话的内容。

微笑是全世界通用语言。微笑必须采取主动才有效，自己先对别人微笑，就等于告诉对方"你好，见到你真高兴"，这样你不必花很多力气就能让对你有好印象，何乐不为呢？而且微笑可以通过练习变得自然。

3. 自信的态度消除客户的疑虑

在销售前先请你回答如下三个问题：

①你是否真的非常信任你服务的公司、你公司的产品和服务？

②你是否真的从心里认为你公司的产品和服务最适合你客户的要求？

③你是否真的相信你公司的解决方案比竞争对手更加符合你客户的需要？

如果你能坚定地、大声地回答以上三个的问题："是"，那么你可能就是一个自信的销售人员。

心理学家认为人与人沟通时，其影响力分别是：口头语言占 7%，语音语调占 38%，肢体语言占 55%。一般人常强调讲话的内容，却忽略了声音和肢体语言的重要性。客户在与你交谈时，不仅是听你说什么，更重要的是听你的语气语调和看你的肢体语言。

销售人员的自信语调，在与客户初步接触阶段尤其重要。客户在询问关于公司或者产品的细节时，你所有的回答必须语气语调充满自信，不能支支吾吾，否则会让客户感到有所怀疑而导致对你的不信任。有的时候当客户信心不足的时候，他们也需要你有一个坚决的态度给予他们决心和信念。如果你自己都显得底气不足，那如何去赢得客户的信任呢？

另外，肢体语言也要表现出你的自信，脸上带着的微笑；与客户的目光交流以及与客户有力的握手都体现了你是一个充满自信的人。而在面对客户的时候，销售人员最忌讳眼光飘忽不定，左顾右盼，这样的人容易被人认为：要么是自信不足，要么是心中有鬼。

4. 赞赏与共同话题

好的赞美会大大拉近与顾客的距离，促进销售，但是不合适的赞美只会让顾客觉得虚伪、做作和不舒适。真诚的赞美是令顾客"开心"的特效药。每当你赞美客户的成就、特质和财产时，就会提高他的自我肯定，让他更得意。只要你的赞美是发自内心的，别人就会因为你而得到正面肯定的影响，他们对你产生好感，会增加对你的满意度。

同时，有趣、有内容、有品位的共同话题同样可以建立客户信任。为什么经常说销售经理就是百搭，聊到什么都能搭上？那是因为在销售过程中，接触各种各样的客户，为了投其所好，找到共同话题，需要不断积累当下热门话题、商业资讯、趣闻乐见，等等，因为有共同话题的人才能够聊到一起，变成朋友、伙伴。

5. 学会倾听

学会倾听。首先我们需要用耳朵去听，听的过程中还要尊重对方，要四目相对和专心致志，这才是真正意义的倾听。倾听与你是否同意其他人的讲话是毫无关系的，倾听就是接受其他人所讲的一切，就是理解其他人的想法，当然理解并不意味着接受。

6. 专业知识

这里的专业知识是了解客户的业务问题、解决客户问题的能力。专业性是建立信任的重要手段，可是你也不能见面就对客户说我很专业啊！这里也有一个招数：问精确的问题。举个例子，如果正在向客户调研采购和仓储的问题，有下面两种问法：第一种：预算为什么不能有效执行呢？第二种：从我的经验来看，预算不能有效执行往往有很多原因，比如制定预算的时候没有充分的酝酿，执行层面缺乏绩效考核机制，不过最常见的就是执行中缺乏过程监督和落地工具。当然这是我的理解，你觉得是什么原因造成的？同样是问问题，你觉得谁更专业？当然如果想问出这种问题，你得真专业，装是装不出来的。

俗话说："没有金刚钻，就不要揽瓷器活。"要成为专家，就必须要有发现问题、分析问题、解决问题和的能力，要有扎实的技术实力。为客户解决问题的方法途径有以下几种：

（1）提供技术解决方案

信息通信产品往往技术复杂专业性强，大部分客户并不是专家，厂家销售人员和技术人员比客户懂的更多。比如：厂家的销售人员经常需要与设计方协同工作，即便是设计师，也不可能对所使用的设备和技术做到面面俱到全部精通，在单个产品和提供解决方案上，厂家的技术人员要精通得多。客户关心的其实不是产品本身而是为他们解决存在的问题，通过为客户设计技术解决方案，可以迅速建立双方的信任关系。

（2）解决客户目前遇到的问题

找出目前客户的问题所在，一边施以问题的后果压力，一边给出合理的解决方案，这样帮助客户改善当前状况的销售人员，一定会让客户产生信任。有个销售员拜访成功率很高，他的经验是：在拜访新客户时先到客户的设备间转一转，发现一些问题并婉转地提醒客户，客户登时心生敬佩，随后的洽谈就很顺利了。你为客户改进了生产流程，提高了管理效益，建立在互利基础上的销售会使得双方更加愉悦，也可以使合作关系更为长久。

（3）减少客户的工作量，工作难度和工作成本

通过将更多客户所不具备的技术和经验融入其实际工作中，帮助客户减少工作量，降低工作难度和成本，这样做有利于与客户建立更牢固的信任关系。有位销售建筑机械的销售人员，对已经交易完成的订单还会继续关注，定期打电话或者上门拜访，提出专业的保养建议，客户对此很感动，并且根据他的建议改善使用方法，既提高了效率，也降低了机器的损耗速度。以后一有新的采购，客户都会首先想到他。

7. 有效的商业理由

这是很多销售容易忽略的一点，他们与客户预订会面的时候，经常会提一些自以为是的理由，比如：想去看看你了、请你了解一下我们产品了、给你送份资料了，等等，不一而足。

可是如果我们站在客户的角度想呢？他们接到你的预约电话，如果想不到你来的理由，最可能的做法就是找个理由把你拒了。

商业理由不是聊天的理由，它是和业务相关的，它告诉客户两件事：一是去干什么，二是干这事对他有什么好处。

8. 学会讲故事

所有人都喜欢听故事，客户也一样。有些时候直接讲你经历过多少客户、实施过多少项目、解决过多少问题，但是这样直接的自我表扬未免过于露骨。但是有一个含而不露的方法很容易让客户信任你，那就是讲第三方故事。

所谓第三方故事就是指另外一家客户成功或失败的故事。作为销售，你可以多搜集一下这方面的资料，不管谁做的，你都可以借为己用。

要想讲好这样的故事不是件容易的事情。有几个要素必须具备：第三方客户单位名称，你接触的人员的姓名、职务和背景；具体人的具体问题，这些问题最好是你现在的客户也有可能遇到的；你怎么解决他们问题的；解决之后带来什么利益；你的第三方客户是如何看待这件事情的，他们的个人感受是什么样的。

9. 提出恰当的建议

客户很多时候之所以那么快做出购买的决定，一个很重要的原因是客户感受到了销售人员的真诚态度，因为销售员的建议完全是站在客户的立场上来提出的。在建议客户时，首先必须让客户感知到你是站在客户立场提出的。当客户对自己的需要比较模糊和不准确时，销售员要站在他们的立场提供真诚而中肯的建议。在为任何一位客户提供建议的时候，销售员都要注意以下几点：①自己只是针对客户需求提供个人建议，最后的决定权一定要给客户，千万不要让客户感觉到你对他施加了压力。②尽量避免负面的、消极的表达方式，多用积极性语言。③为客户构建一个梦想，增加些感性描述，继而激发客户的购买欲望。④告诉客户一旦发现产品不适合自己时的解决方法，解除客户的后顾之忧。

二、建立客户信任注意事项

在建立客户信任的过程中，也要注意一些注意事项。
①尊重顾客的时间：守时、或另约时间；
②不要打破砂锅问到底；
③不要揭露准客户的秘密；
④与准客户周围的人保持良好关系。

【思政链接 4-1】

信任是合作的前提和基础，是社会发展不可忽视的重要作用，人们在追求利益的同时必须维护自身的信任，否则在社会发展中将无以立足。

因为有了信任，所有的感情才越来越真，越处越深。它需要长久的接触，它需要时间的考验，它需要人品的鉴定。才能够毫无防备，收起戒心，才能够交出真心，许下诺言。对于守信的人来说，信任如金，给啥都不换，有了信任，才有了无须防范的感情，才有了牢不可破的关系。

请同学们以小组为单位进行讨论，信任的产生和发展对历史的推动作用。

民心是最大的政治——透视信任度　　　用真诚和勤奋赢得
满意度背后的中国密码　　　　　　信任和支持

任务四　消除客户顾虑

微课：如何消除
客户顾虑

所谓顾虑就是客户认为买你的东西对他个人没有好处，甚至有坏处。注意是对个人利益的损失，和风险不一样，顾虑是客户不答应行动承诺的唯一原因。请注意，是客户认为，不一定是事实，但是认知大于事实。

顾虑是不是看起来和动机很相似？让我们再回忆一下动机的定义，所谓动机就是个人希望采取行动的原因。说到这也许就明白了，所谓顾虑就是个人不行动的原因。客户认为买你的东西满足不了他的动机，对动机不能满足的这种担心就是顾虑，强调一下，客户的顾虑并不是对销售的担心，而是对自己获得利益的担心。可能和你关系很好，但是依然有顾虑。

顾虑是一种完全个人化的东西，所谓个人化就是只有客户自己知道是什么，他没说，你永远没法验证，关于这一点，有两个常见错误：

用自己的认知代替客户的认知：可能你会说，不对啊，我能满足他的个人利益啊。那是你的认知，不是客户的认知，你觉得能够给他回扣，但是他担心的是失去权威性。不要用你的认知代替他的认知。好的组织利益不一定带来好的个人利益：可能你觉得你的产品给了他组织利益，比如让客户的生产效率提升了，但是这不等于满足了个人利益，因为好的组织利益不必然带来好的个人利益。

怎样打消客户顾虑呢？

1. 顾客说：我要考虑一下

对策：时间就是金钱。机不可失，失不再来。

（1）询问法

通常在这种情况下，顾客对产品感兴趣，但可能是还没有弄清楚你的介绍（如：某一细节），或者有难言之隐（如：没有钱、没有决策权）不敢决策，再就是推脱之词。所以要利用询问法将原因弄清楚，再对症下药，药到病除。如：先生，我刚才到底是哪里没有解释清楚，所以您说您要考虑一下？

（2）假设法

假设马上成交，顾客可以得到什么好处（或快乐），如果不马上成交，有可能会失去一些到手的利益（将痛苦），利用人的虚伪性迅速促成交易。如：某某先生，一定是对我们的产品很感兴趣。假设您现在购买，可以获得××（外加礼品）。我们一个月才来一次（或才有一次促销活动），现在有许多人都想购买这种产品，如果您不及时决定，会××……

（3）直接法

通过判断顾客的情况，直截了当地向顾客提出疑问，尤其是对男士购买者存在钱的问题时，直接法可以激将他、迫使他付账。如：××先生，说真的，会不会是钱的问题呢？或您是在推脱吧，想要躲开我吧？

2. 顾客说：太贵了

对策：一分钱一分货，其实一点也不贵。

（1）比较法

① 与同类产品进行比较。如：市场××牌子的××钱，这个产品比××牌子便宜多啦，质量还比××牌子的好。

② 与同价值的其他物品进行比较。如：××钱现在可以买a、b、c、d等几样东西，而这种产品是您目前最需要的，现在买一点儿都不贵。

（2）拆散法

将产品的几个组成部件拆开来，一部分一部分来解说，每一部分都不贵，合起来就更加便宜了。

（3）平均法

将产品价格分摊到每月、每周、每天，尤其对一些高档服装销售最有效。买一般服装只能穿多少天，而买名牌可以穿多少天，平均到每一天的比较，买贵的名牌显然划算。如：这个产品你可以用多少年呢？按××年计算，××月××星期，实际每天的投资是多少，你每花××钱，就可获得这个产品，值！

（4）赞美法

通过赞美让顾客不得不为面子而掏腰包。如：先生，一看您，就知道平时很注重××（如仪表、生活品位等）的啦，不会舍不得买这种产品或服务的。

3. 顾客说：市场不景气

对策：不景气时买入，景气时卖出。

（1）讨好法

聪明人透露一个诀窍：当别人都卖出，成功者购买；当别人都买进，成功者卖出。现在决策需要勇气和智慧，许多很成功的人都在不景气的时候建立了他们成功的基础。通过说购买者聪明、有智慧、是成功人士的料等，讨好顾客。

（2）化小法

景气是一个大的宏观环境变化，是单个人无法改变的，对每个人来说在短时间内还是按部就班，一切"照旧"。这样将事情淡化，将大事化小来处理，就会减少宏观环境对交易的影响。如：这些日子来有很多人谈到市场不景气，但对我们个人来说，还没有什么大的影响，所以说不会影响您购买××产品的。

（3）例证法

举前人的例子，举成功者的例子，举身边的例子，举一类人的群体共同行为例子，举流行的例子，举领导的例子，举歌星偶像的例子，让顾客向往，产生冲动、马上购买。如：某某先生，××人××时间购买了这种产品，用后感觉怎么样（有什么评价，对他有什么改变）。今天，你有相同的机会，作出相同的决定，你愿意吗？

4. 顾客说：能不能便宜一些

对策：价格是价值的体现，便宜无好货

（1）得失法

交易就是一种投资，有得必有失。单纯以价格来进行购买决策是不全面的，光看价格，会忽略品质、服务、产品附加值等，这对购买者本身是个遗憾。如：您认为某一项产品投资过多吗？但是投资过少也有其问题所在，投资太少，使所付出的就更多了，因为您购买的产品无法达到预期的满足（无法享受产品的一些附加功能）。

（2）底牌法

这个价位是产品目前在全国最低的价位，已经到了底，您要想再低一些，我们实在办不到。通过亮出底牌（其实并不是底牌，离底牌还有十万八千里），让顾客觉得这种价格在情理之中，买得不亏。

（3）诚实法

在这个世界上很少有机会花很少钱买到最高品质的产品，这是一个真理，告诉顾客不要存有这种侥幸心理。如：如果您确实需要低价格的，我们这里没有，据我们了解其他地方也没有，但有稍贵一些的××产品，您可以看一下。

5. 顾客说：别的地方更便宜

对策：服务有价。现在假货泛滥。

（1）分析法

大部分的人在做购买决策的时候，通常会了解三方面的事：第一个是产品的品质，第二个是产品的价格，第三个是产品的售后服务。在这三个方面轮换着进行分析，打消顾客心中的顾虑与疑问，让它"单恋一枝花"。如：××先生，那可能是真的，毕竟每个人都想以最少的钱买最高品质的商品。但我们这里的服务好，可以帮忙进行××，可以提供××，您在别的地方购买，没有这么多服务项目，您还得自己花钱请人来做××，这样又耽误您的时

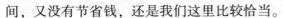

间，又没有节省钱，还是我们这里比较恰当。

（2）转向法

不说自己的优势，转向客观公正地说别的地方的弱势，并反复不停地说，摧毁顾客心理防线。如：我从未发现那家公司（别的地方的）可以以最低的价格提供最高品质的产品，又提供最优的售后服务。我××（亲戚或朋友）上周在他们那里买了××，没用几天就坏了，又没有人进行维修，找过去态度不好……

（3）提醒法

提醒顾客现在假货泛滥，不要贪图便宜而得不偿失。如：为了您的幸福，优品质高服务与价格两方面您会选哪一项呢？你愿意牺牲产品的品质只求便宜吗？如果买了假货怎么办？你愿意不要我们公司良好的售后服务吗？××先生，有时候我们多投资一点，来获得我们真正要的产品，这也是蛮值得的，您说对吗？

6．顾客讲：没有预算（没有钱）

对策：制度是死的，人是活的。没有条件可以创造条件。

（1）前瞻法

将产品可以带来的利益讲解给顾客听，催促顾客进行预算，促成购买。如：××先生，我知道一个完善管理的事业需要仔细地编预算。预算是帮助公司达成目标的重要工具，但是工具本身须具备灵活性，您说对吗？××产品能帮助您公司提升业绩并增加利润，你还是根据实际情况来调整预算吧！

（2）攻心法

分析产品不仅可以给购买者本身带来好处，而且还可以给周围的人带来好处。购买产品可以得到上司、家人的喜欢与赞赏，如果不购买，将失去一次表现的机会，这个机会对购买者又非常重要，失去了，痛苦！尤其对一些公司的采购部门，可以告诉他们竞争对手在使用，已产生什么效益，不购买将由领先变得落后。

7．顾客讲：它真的值那么多钱吗

对策：怀疑是奸细，怀疑的背后就是肯定。

（1）投资法

做购买决策就是一种投资决策，普通人是很难对投资预期效果作出正确评估的，都是在使用或运用过程中逐渐体会、感受到产品或服务给自己带来的利益。既然是投资，就要多看看以后会怎样，现在也许只有一小部分作用，但对未来的作用很大，所以它值！

（2）反驳法

利用反驳，让顾客坚定自己的购买决策是正确的。如：您是位眼光独到的人，您现在难道怀疑自己了？您的决定是英明的，您不信任我没有关系，您也不相信自己吗？

（3）肯定法

值！再来分析给顾客听，以打消顾客的顾虑。可以对比分析，可以拆散分析，还可以举例佐证。

8．顾客讲：不，我不要

对策：我的字典里没有"不"字。

（1）吹牛法

吹牛是讲大话，推销过程中的吹牛不是让销售员说没有事实根据的话、讲价话，而是通过吹牛表明销售员销售的决心，同时让顾客对自己有更多的了解，让顾客认为您在某方面有优势、是专家。信赖达成交易。如：我知道您每天有许多理由推脱了很多推销员让您接受他们的产品。但我的经验告诉我：没有人可以对我说不，说不的我们最后都成了朋友。当他对我说不，他实际上是对即将到手的利益（好处）说不。

（2）比心法

其实销售员向别人推销产品，遭到拒绝，可以将自己的真实处境与感受讲出来与顾客分享，以博得顾客的同情，产生怜悯心，促成购买。如：假如有一项产品，你的顾客很喜欢，而且非常想要拥有它，你会不会因为一点小小的问题而让顾客对你说不呢？所以××先生今天我也不会让你对我说不。

（3）死磨法

我们说坚持就是胜利，在推销的过程，没有你一问顾客，顾客就说要什么产品的。顾客总是下意识地提防与拒绝别人，所以销售员要坚持不懈、持续地向顾客进行推销。同时如果顾客一拒绝，销售员就撤退，顾客对销售员也不会留下什么印象。

方法是技巧，方法是捷径，但使用方法的人必须做到熟能生巧。这就要求销售员在日常推销过程中有意识地利用这些方法，进行现场操练，达到"条件反射"的效果。当顾客有疑义时，大脑不需要思考，应对方法就出口成章。到那时，在顾客的心中才真正是"除了成交，别无选择"！

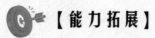

【能力拓展】

技能训练　轻松搞定客户拜访实战

案例解析：客户拜访实战

销售人员："张经理，能不能引荐一下你们王总？我想就服务问题和他做一个交流，听听他对服务的要求，以便更好地配合你们的项目。"

张经理："王总在办公室，你自己去找吧。"（不答应行动承诺）

销售人员："咱们是老熟人，你就推荐一下吧。"

张经理："你们的产品太差了，我是真不敢推荐。"

张经理没有答应推荐，销售没有获得行动承诺，我们不妨推敲一下原因：如果因为张经理推荐，客户购买了产品，之后出现了问题，领导怎么看张经理？是不是觉得张经理吃回扣了？这可能是张经理所担心的（当然需要给张经理确认）。正是因为这种担心，张经理拒绝推荐，行动承诺获取失败。

技能训练

以上述案例为例，消除客户顾虑，让客户信任至关重要。思考以下几个问题。

①假如你是销售人员，如何挽救现在这个场面？

②与客户沟通的关键点有哪些？

③根据案例，制定客户拜访计划表（表4-2）。

微课：制定商务
拜访计划书

表4-2　客户拜访计划表

销售访谈计划表					
团队成员1		工作量占比		工作内容	
团队成员2		工作量占比		工作内容	
团队成员3		工作量占比		工作内容	
团队成员4		工作量占比		工作内容	
团队成员5		工作量占比		工作内容	
团队成员6		工作量占比		工作内容	
团队介绍（团队介绍及团队分析）					
了解自己（自身企业或产品优劣势、机会和挑战，能给客户解决什么问题）					
拜访思路（准备如何开展本次销售活动）					
访谈目标（设定几个目标，取得销售进展而不是拖延）					
行动目标：					
承诺目标：					

客户现状分析（围绕客户关注的三类人分析客户可能存在的难点、挑战）	
客户存在问题	存在问题的潜在影响（用于暗示性的内容，将客户存在问题放大）
1.	
2.	
3.	
客户需求（梳理通过上述分析，客户可能存在的需求、要求，对此你计划如何予以解决）	

任务评价

任务名称		设计调查问卷			
团队名称			组长		
成员 1			成员 2		
成员 3			成员 4		
成员 5			成员 6		
序号	知识考核点	教师评价		单项分值	实际得分
1	计划表的结构完整			25	
2	问题选用合适，概念明确，任务容易操作			25	
3	计划表排列有一定的逻辑次序，层次分明			25	
4	计划表表述语言简单，不带任何倾向性或暗示			25	
总得分					

项目二

如何呈现解决方案

微课：产品方案呈现

【项目导读】

解决方案，就是针对某些已经体现出的，或者可以预期的问题、不足、缺陷、需求，等等，所提出的一个解决整体问题的方案（建议书、计划表），同时能够确保加以快速有效的执行。通常指解决问题的方法。

【任务引入】

解决方案就是为了解决问题，而问题的解决往往需要很多内外因素的配合，局外人看上去就好像各种"机缘巧合"。现实中也见到过不少解决方案存在这样的问题，就是根据个人经验列出了很多的必要条件，但这样的解决方案经常会被领导的一个问题给问住："给你这些条件是不是问题就一定能解决？"所以在做解决方案的过程中，系统性的方法论非常重要，曾经的成功经验非常重要，广泛的学习、调研非常重要。

【相关知识】

解决方案的内涵见图4-1。

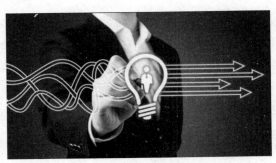

图4-1 解决方案的内涵

解决方案的对象。解决方案必须有明确的对象，或者施行的范围和领域（这些要素可能包括但不限于：不同的行业，领域，阶层，类别，等等）。在某些领域，解决方案不只是针对问题本身，也必须考量到需要服务的对象，例如面向的客户的具体情况和需求。

因此，所写方案需要满足两个原则：

①满足用户的需求、满足招标文件中提出的所有要求是编写方案的基本原则，要对用户和招标文件的每一项要求都有明确的响应，要清晰准确地领会用户的意愿，不能随意抵触或反对用户的意愿。

②在写方案的过程中要努力在方案中体现特点（特别是主要竞争对手所不具备的优势），要在方案中发挥有利的资源，产品选择要考虑利润最大化和商务可控性。

对于问题的实际分析，决定了解决方案的针对性和有效性，如果解决方案本身有欠缺，那么可能在执行中导致更多的问题，达不到预期的效果。解决方案的产生过程，大致可分为：确定问题对象和影响范围→ 分析问题→ 提出解决问题的办法和建议→ 成本规划和可行性分析→ 执行→ 后期跟进和交互修正→ 总结（图4-2）。

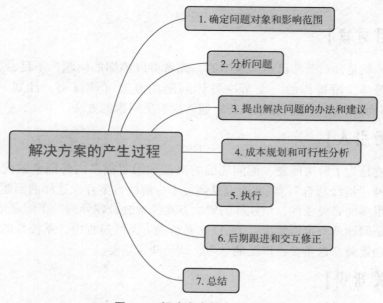

图4-2　解决方案的产生过程

解决方案必须是客观的、理性的分析，尽可能掌握问题的实质，把握到每个细节要素。不应该把遭遇问题的迫切情绪或者感性因素导入到解决方案中，这样可能适得其反。

事实上，在实际操作中，解决方案涉及创意的要素不多，更多的是从已经存在的成功案例中寻找。

另一方面，如果有很好的分析问题，对成功案例进行客观分析，本身也是产生更好解决方案的基础。

没有完美的、一定能解决问题的永久解决方案。设计者和决策者必须清醒认识到解决方案的局限性，优势和劣势以及在变化条件下的不确定性。优秀的解决方案必须包含总结的要素：问题为什么会发生，是否还会再次产生，这种问题是否会导致其他的问题，这个问题是否侧面反映了其他的潜在问题，怎样避免这些问题，本次的解决方案有哪些经验积累等类似的思考。

解决方案不局限于解决本次问题，它应该避免相关问题的出现，警示相关的人员，并且能够做到经验的传承积累。

【思政链接 4-2】

产品方案的呈现，往往与解决方案服务对象有密切相关性。精益求精，注意细节，全面考虑是制作解决方案的人需要具备的技能。

【思考】 当涉及对外贸易时，你所提供的解决方案需要有侧重点吗？

案例解析：产品方案的呈现

由于小李在公司的一年内写过很多方案，因此显得胸有成竹。不料隔天得到的成绩却不理想，属于中下分数。

小李找到自己的师傅也是本次测评的审核人，满怀委屈地问道："师傅，我这次考试哪里出了问题。分数也太低了吧。"

老张拿出小李的试卷说："你小子不服气了吧，那我问你两个问题。第一，方案的核心内容到底是什么。第二，优秀的方案要达到什么效果。"

小李指着试卷说："方案的核心内容是设备报价，要达到的效果就是卖出去设备，利润越大越好。"

老张摇摇头，说："你这个回答显得目光太短浅了，当然方案最终结果一定是要想办法卖出东西，但是这里面也要考虑其他的因素。做方案必须要站在客户的角度去考虑问题，让客户心甘情愿来选择，并且后期会认可这个选择。这样以后也会有更多的合作机会。所以如果是我来回答第一个问题，我会回答，方案的核心内容包括两大块，一是技术层面，要按照客户的实际情况做好网络的拓扑设计以及设备选型；二是商务层面，综合各种情况进行合理报价。只有把技术层面做好了，才能在商务层面有收获，千万不可本末倒置，这样一定不是好的方案。接着是第二个问题，我的回答是，做出优秀的网络拓扑，尽可能多出几种方案，让客户自己选择适合的。在客户选择中获取应得的利益，都要考虑到客户的接受能力，不能盲目去追逐最大利益。做方案，要看长远。"

小李顿时感觉到面红耳赤，低着头说："师傅，我明白了。我太急功近利了，方案要做到真正站在客户角度，为客户解决问题。这样才能得到客户的信任，也才能稳步实现业务的增长。"

【小结】

做方案当然是希望能够顺利地把产品推销出去，并获取相应的利益。但是不能仅仅把方案当作是产品推销书去做。这样做出来的方案功利性太强，一旦客户觉察到这点，那么不但很难将产品推销出去，而且客户关系也很难维持下去，也就切断了以后合作的可能性。因此做方案必须站在客户的角度去理解问题。在此基础上，认为方案的作用主要分为技术层面和商务层面。在技术层面，需要根据客户需求，做出真正解决问题的方案。在商务层面，也要能够设计出符合客户预期的产品清单。只有这样才能顺利完成产品的销售并能和客户建立起来良好的关系，为之后的合作奠定了基础。

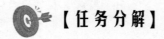**【任务分解】**

微课：产品方案
呈现的"利益"

任务一 什么是产品方案呈现的"利益"

产品方案也称为销售建议书（销售提案），是供应商为促成交易而提交给客户的书面销售方案，分析客户的问题和需求，并描述自己的产品或服务是如何提供解决方案并为客户带来利益的。

是什么导致客户进行购买行为？经过前面阶段的学习，大家都应该知道是当客户存在需求、需要被满足时才会导致客户进行购买。那么客户为什么会选择你呢？回想之前给大家讲过老奶奶买李子的故事，为什么会最终选择第三家商贩？因为迷信酸儿辣女，所以真正的需求是给儿媳妇买酸的李子吃，你如果说李子又大又甜，则不会买，所以你需要说出李子的所有好的特征，例如有酸有甜，或者提前挖掘的需求，然后卖出酸的李子，这就算是一个比较深层次的需求了，因此挖掘客户的需求就尤为重要。

"3+5"利益法则

基于对客户需求与购买行为已有的深度分析，以解决方案式销售的视角，可以给"利益是什么"一个完整的答案——"3+5"利益法则，即 3 种企业利益（图 4-3）和 5 种个人利益（图 4-4）。

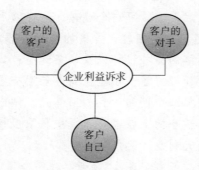

图 4-3 企业利益诉求

客户利益诉求在于其最关注的 3 类人——客户的客户、客户的对手、客户自己。

①客户的客户。利益诉求，如何获得自己的市场开发机会，提高销售额，增加利润率，提升他们客户的满意度或忠诚度。

②客户的对手。利益诉求，如何确立竞争优势，走差异化路线，做创新的产品，巩固或提高自己的市场地位、行业排名。

③客户自己。利益诉求，如何做到运营成本或风险的控制，交期保障，产品性能优化，新产品研发，供应商的服务支持、响应时间。

销售就是在这 3 个领域内发现客户可能有的问题、困难、不满，进而提供解决方案，帮助客户达成既定目标。所以，客户最终购买的不是产品，而是在这 3 个领域内希望得到的某一特定的结果。

图 4-4 所示的个人利益诉求为马斯洛需求层次级理论。

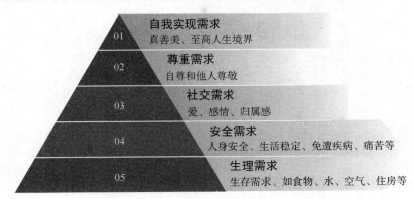

图 4-4　个人利益诉求

马斯洛需求层级理论对人性 5 个利益诉求做了很好的解释。马斯洛把需求分成生理需求、安全需求、社交需求、尊重需求和自我实现需求 5 类。

①生理需求是级别最低的需求，如食物、水、空气、健康等。对企业管理而言，满足生理需求的激励措施包括增加工资、改善劳动条件、提供良好的工作环境、给予必需的休息时间、提高福利待遇等。

②安全需求是较低级别的需求，如人身安全、生活稳定以及免遭痛苦、威胁或疾病。满足安全需求的激励措施包括企业合规经营，签订劳动合同，提供医疗、失业、养老等保险及职业保障，企业制度健全、管理公正，岗位职责明确、工作有序。

③社交需求是较高层级的需求，如对友谊、爱情以及隶属关系的需求。激励措施包括提供同事间社交往来机会，支持与赞许员工寻找及建立和谐温馨的人际关系，开展有组织的体育比赛和集体聚会，等等。

④尊重需求是更高层级的需求，如绩效、声誉、地位和晋升机会等，它既包括对自我绩效的获得，也包括他人对自己的认可与尊重。企业在这一层级的激励措施包括公开奖励和表扬，强调工作任务的重大及对组织的贡献，倾听和鼓励参与，绩效评定，颁发荣誉奖章，等等。

⑤自我实现需求是最高层级的需求，包括对真善美及至高人生境界的追求。当前面的四项需求都能满足时，这一层级的需求才能产生，是一种衍生性需求，如自我实现、发挥潜能。企业在这一层级的激励措施可以考虑授权、学习深造、给予特殊荣誉或尊享地位。这五类需求构建了个人利益诉求的五个层次。

图 4-5 所示的"3+5"利益法则工具涵盖了客户几乎所有买或不买的理由。买是因为得到了其中一个或几个想要的利益，不买则意味着利益缺失，可能是供应商对客户的利益诉求失察，没有加以引导，或根本就给不了。它可以作为销售人员精准定位产品利益呈现的工具，针对某个特定的客户，知道如何出牌，在哪几个层面发力。

"3+5"利益法则工具注意事项：

①不是每个客户都需要"3+5"。有时候，可能会遇到在企业层面是解决市场竞争的问题，个人层面是追求自我实现的荣耀，利益诉求是"1+1"，销售人员就应该从这两个层面入手。

②对客户的利益诉求，供应商不是每项都能做到，这种情况下就需要有效引导。

请就一个特定客户或市场进行分析，如何针对不同层面的利益诉求，提供你的产品/服务解决方案。不是每个层面都存在可能性，找出客户需求且你能提供的产品/服务解决方案。		
诉求	客户企业层面	解决方案（你的产品/服务）
1	解决其客户问题	
2	解决其竞争问题	
3	解决其自身问题	
诉求	客户个人层面	解决方案（你的产品/服务）
1	生理	
2	安全	
3	归属感	
4	尊重	
5	自我实现	
你的销售方案（总结）：		

图 4-5　"3+5" 利益法则工具

好的解决方案具备哪些特点：

①好的解决方案具备解决问题的充分条件，而不只是必要条件。解决方案就是为了解决问题，而问题的解决往往需要很多内外因素的配合，局外人看上去就好像各种"机缘巧合"。

②好的解决方案中所有的条件都应该具有可行性。在找出解决方案的充分条件后，每个条件都必须具有可行性。在规划阶段的所有设计都是假设，只是假设条件的可靠性不一样，这也就是项目管理中常说的"计划中必然存在风险"的概念，需要对解决方案中所有的条件进行评估，如果有的条件可行性非常低，那么就可能需要考虑其他的替代方案了。通常来说，市场可行性、专业可行性、财务可行性是必不可少的，这三方面可行性可以包含很多的具体内容。在不同行业当中由于不同的法规、专业的要求，往往还会有更多、更具体的可行性要求，针对具体的问题还会有针对性的可行性要求，最常见的比如时间要求。

③好的解决方案会考虑到对未来的持续影响。解决方案在解决具体问题的时候，不仅要解决当下的问题，往往还需要考虑解决方案对未来造成的持续影响。既要完成好当前的项目任务，又要为将来的长期运营提供便利条件。"差之毫厘，谬以千里"，在考虑解决方案的同时，需要考虑到对整个生命周期的影响，对可持续发展的影响。"前人栽树，后人乘凉"是最好的，而"一锤子买卖"、孤注一掷、不计后果这样的解决方案，往往会贻害后人。

④好的解决方案所解决的问题是"对的"。我们也不时能够看到，一个解决方案成功的实施之后，问题并没有得到真正的改善，治标不治本。这就是识别目标问题出现的偏差。有种说法，要问六次"为什么"才能找到问题的根源。所以作为上述解决方案的前提，就是一定要准确识别所要解决的问题，对症下药才能真正解决问题，这样的解决方案才能算是"好"的解决方案。

⑤好的解决方案尽可能兼顾到所有干系人。很多问题都会涉及不同的干系人，各自都有不同的诉求。在解决方案中如何做好充分沟通，尽可能兼顾到所有干系人的利益，往往是解决方案能否顺利实施、能否取得最终成功的关键条件。好的解决方案会尽可能让所有人都满意（做到这点确实很难），最起码要让主要的干系人能够接受。

⑥好的解决方案是"有德"的。技术本身没有善恶，但如何运用技术就有这个问题。历史的车轮滚滚向前，顺之者昌、逆之者亡。充当"绊脚石"的解决方案一定不是好的解决方案，有时"枪口抬高一寸"反而是一个好的解决方案。

任务二　如何呈现解决方案

产品方案也称为销售建议书（销售提案），是供应商为促成交易而提交给客户的书面销售方案，分析客户的问题和需求，并描述自己的产品或服务是如何提供解决方案并为客户带来利益的。销售提案应该是主动的，即销售人员主动向目标客户建议并得到肯定的回应，在规定时间内递交，也可以是被动的，即应客户的要求，提供销售提案（招标文件就是其中一种）。

提交产品方案的好处有以下几点（图4-6）。

①提供系统、专业的呈现，促使客户接受。销售人员向客户口头阐述时，受时间、表达能力及产品的复杂性等限制，不可能把每个问题或技术方案都说得很清楚。

②表现主动、积极的姿态，加深客户印象。一份好的销售提案有机会让你与众不同，尤其在主动提交时，意味着一种付出，表达友好与进取，让客户开始对你认真起来，对促成交易有非常明显的推动作用。

③与客户有更多接触机会，"粘"住对方。在大客户销售中，"粘"住客户，关键在于懂得为自己的每次接触设定下一步目标，取得销售进展。

④增加可见度，提高销售效率。销售人员能够摆脱日常一对一接触客户的时空限制。客户上至高层下至使用人员，都可以读到你的销售提案。

⑤写远比说思路开阔，从而发现更多商机。当我们写一个文案时，远比只是在想或做这件事更为全面、系统、深刻而有条理，思路有可能豁然开朗。

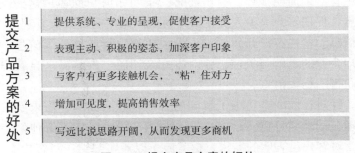

图4-6　提交产品方案的好处

任务三　搞定解决方案的组成

产品方案组成包括封面标题、问候、目录页码、方案主体、感谢（图4-7）。封面标题写明主题、提案人（团队）、日期等。客户及供应商的公司全名及Logo应同时出现在封面上。

①标题要引人入胜，可配合客户企业的某项战略口号或项目的既定目标拟定，能够让客户一眼就发现你的价值。

②问候不宜过长（一个段落为宜），以企业及部门为对象，尽量不要指向个人。感谢客户给你的机会，感谢相关部门给你的协助，同时借以表明你为了给客户最好的提案，投入了大量的时间与精力。本单元非必选项，可视情况取舍。

③目录页码体现了提案的专业度与可读性，在提升文案形象的同时，使内容和顺序一目了然，也方便处于不同关注角度的客户迅速找到自己感兴趣的内容。

④方案主体是产品方案的核心内容，涉及需求分析、解决方案、收益等内容。

⑤感谢是感谢客户的阅读以及期待客户回应，内容不宜过长。

方案主体一般由下面几部分组成（图4-8）：

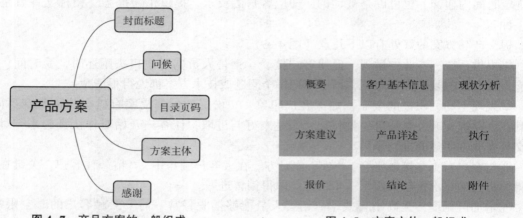

图4-7 产品方案的一般组成　　　　图4-8 方案主体一般组成

①概要。可视为提案的概要及精华部分的浓缩，字数控制在一页内，主要供客户决策人员阅读。因此主旨必须简明扼要，直击要害，指明如何帮助客户达到既定目标，供应商及方案有哪些亮点，促使客户决策人员在最短时间内做出对提案人有利的决定。

②客户基本信息。概述客户经营领域、发展历程、行业地位等信息，字数控制在一页内，表明你对客户企业的了解与关注，让对方有亲切感。内容可来自客户企业网站、宣传手册或在访谈中获得的相关信息。

③现状分析。针对在前期走访中了解到的客户现状、问题、需求及关注等，用文字完成一个系统的梳理、记录和分析，给客户一个强烈印象——你了解他们，甚至比他们了解得更多、更透彻。对客户已表明的需求，提案应予以翔实归纳；对客户尚未意识到的问题，提案要能够帮助客户发现并做出界定。

④方案建议。提案在本单元应落脚在产品利益上，基于之前的现状分析，一一呈现特定的客户想要的结果。"3+5"利益法则可以成为撰写方案建议的主线，详解如何提供对策，帮助客户达成既定目标，与"现状分析"单元相呼应。至此，从问题到方案，从需求到利益，提案足以让客户一目了然。

⑤产品详述。如果所交易的产品或服务较为复杂，技术性强，有必要专门留出一个单元，详细介绍产品或服务的设计、构造、性能、使用或与竞品的对比等，并配以图片或具

体参数。

⑥执行。是指从合同签订直至项目结束的项目管理表，包括主要事项、负责人、实施计划等。本单元可视为提案人对整个交易过程的"预演"与承诺，包括售前、售中及售后，在显示供应商的准备度、专业性和执行力的同时，增加客户的购买信心。

⑦报价。就所交易的产品或服务列明价格明细，包括数量、单价、总价或折扣、赠送条款等。

⑧结论。回顾产品或服务能够带给客户的利益，强调方案的优势或亮点，表达真诚与信心。

⑨附件。指一切能够支持提案的资料，包括公司资质、成功案例、获奖荣誉等。

任务四 制作一份完整的产品解决方案

一份完整的产品方案应包含以下内容：

1. 撰写产品产生的背景

这里通常要做大量相关的市场分析，从市场分析中表述市场的潜力，产品未来的潜在市场有多大，包括详细的图表说明。例如你要开发一款下载软件，应该了解下载软件的市场有多大，主流使用的是哪些技术，特点如何，用户喜欢哪一种下载模式及市场潜力等。

2. 撰写产品简介

接着你就需要对这款产品进行详细的介绍，阐明你想要做的是一款什么样的产品，功能特色如何等。不同的产品有不同的介绍规则，目标是清晰、全面地说明产品，必要的时候应配以图片、图表，甚至视频等。

3. 撰写市场定位

一个产品必须有明确的市场定位，你所策划的这个产品将定位于哪些用户群，为什么这些用户群会爱上这款产品。定位通常非常关键，它与市场背景、产品功能相关。

4. 撰写业务流程

业务流程或者操作流程是策划方案的主体部分，通常设计人员和技术人员都是根据这部分的内容来组织开展工作的。所以在细节方面要尽可能详细地描述，可使用流程图、界面结构图、图片、文字、视频来具体地描述产品的设计、用户的操作和参与方式。

5. 撰写商业模式

我们所策划的产品通常用于商业市场，那么商业模式是怎样的？这是产品策划需要考虑的。另外，收费对象如何、收费模式如何、支付渠道如何，这些也需要进行描述。

6. 撰写推广方案

再好的产品也需要进行推广。推广的方式是多种多样的，结合不同的产品应该使用不同的推广方式。譬如网站类的产品与软件类的产品推广方式就会有所差异。而不同类型的产品用户群也不同，当然要使用不同的推广方法来打动这些用户。在撰写推广方案的时候，应该多与市场部的同事进行沟通，以更充分地了解市场。

7. 撰写资金投入预测

资金投入方面一般应该包括前期开发、后期维护和推广等不同阶段的投入。还可细分为人力的投入与物力的投入。根据不同的公司，这种资金投入的形式会有所不同。

8. 撰写收益预测

收益预测即对产品投入市场后做一个初步的收益分析。如根据产品情况、资费情况、支付渠道及你预想的市场情况、推广投入情况，预测将能带来的收益。

9. 撰写风险分析

产品自策划开始就存在下述风险：技术风险，技术上不能实现或者有难度；人员风险，开发过程中人员流失；资金风险，开发途中资金不足；盈利风险，产品推出后盈利不如预期估计。面对不同的风险，都应该寻求相应的解决办法，这样才能使产品在推出之前作出最全面的评估。

10. 撰写总结

对整个产品作最后的总结，通常包括产品特色、开发时间、如何解决风险等内容，简单扼要即可。

案例解析：细节决定方案

B 端产品解决方案设计方法论：以业务和需求为导向。

对于 B 端产品的研发过程，解决方案是针对业务本身或者解决某些业务问题，所提出的产品设计方案。

在 B 端产品研发和实施过程中，解决方案是十分必要的。不同于 C 端产品的研发，需要采用 MVP 模式，强调小步快跑、敏捷迭代、快速试错。

B 端产品的需求对应的业务和问题，都是固定存在的。所以，我们需要在产品研发启动前，就设计解决方案，作为研发过程的指导性框架。

解决方案从顶层定义了，我们针对需求要做什么产品，该怎么做，什么时间完成。同时，解决方案在项目立项时，是重要的基石；在与客户进行商务沟通时，是获得客户信任的重要凭证。

在现实场景中，B 端产品的解决方案有多种用途。比如，作为商务或者销售活动的材料、作为产品立项的依据、作为项目的整体设计等。

针对这些使用场景，产品经理一般需要设计三类解决方案：

①整体解决方案；

②细节解决方案；

③技术解决方案。

这三个方案既有独立的用途，又是相互关联的。整体方案细化和添加更多的内容后，就是细节设计方案；技术方案很多时候，是作为细节方案的一部分存在的。

当然，对于 B 端产品的解决方案，重要的是针对需求、业务和问题的产品设计，而不是写出一份文档。所以，作为产品经理，如果我们要出具一份解决方案，就有两部分工作要做：一是设计解决方案；二是写作解决方案。

对于写作，其实只要我们完成了设计工作，就相对比较简单了。因为，解决方案对内容只要求简单明了即可，在某些时候我们甚至可以用 PPT 制作解决方案。而设计解决方案是一个系统性的过程，通常需要多个角色甚至部门参与，特别是细节方案和技术方案的设计。

一、整体解决方案

现在我们从整体性解决方案开始，介绍如何设计产品解决方案。

首先，整体性的解决方案主要包含产品背景、核心流程、产品定位、产品架构、功能模块、演进蓝图、资源投入。这些内容并不是完全固定的，需要根据我们所处的场景适当调节。其核心目的，是要构建出一个产品的从无到有的过程，以及将这个产品呈现给他人。

在设计解决方案和产品时，B端产品建议采用自顶向下、由粗到细的思路。

下文分析一下各部分应该如何设计，含有哪些内容（图4-9）。

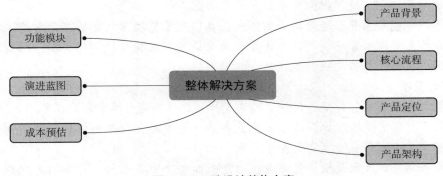

图4-9　B端设计整体方案

1. 产品背景

产品背景主要介绍产品的行业背景和需求背景，以及产品可行性分析。这部分内容，主要是产品经理需要将产品的业务调研、业务诊断、需求分析的内容展示出来。

业务调研是指业务的战略方向、经营模式、管理方法和业务模式；

业务诊断需要体现出客户对于业务提出了什么问题，我们从业务中分析出了什么问题；

需求分析则是结合用户提出的需求，去分析场景、角色和业务。

在进行呈现时，一般呈现依据和结论即可。

2. 核心流程

核心流程是需要分析并展示出业务的核心流程。

在分析核心流程时，需要与角色分析结合，最终需要以跨角色的流程图展示出业务的核心流程——核心流程是之后我们设计各个业务系统、各个产品功能的起点。

3. 产品定位

产品定位是对产品的整体性描述。简单来说，就是要描述清楚我们要做一个什么样的产品。

这部分也需要与需求、业务和问题结合，阐述清楚针对什么业务做产品，产品解决了什么问题，带来了什么价值。

4. 产品架构

产品架构指的是产品的整体性结构。

在产品架构设计时，我们需要首先进行业务架构的分析，然后设计产品的系统结构，再梳理出产品的核心系统，最后基于以上内容设计出产品的架构图。

业务架构分析，主要是分析出针对业务，产品需要哪些系统；系统架构设计，是分析出系统间的组织形式和交互过程；核心系统梳理，是指分析和定义出产品的最核心的系统，其他系统都是围绕该系统运作的。最后，可以用架构图来展示我们产品的架构。

在设计产品架构时，除了依赖于业务的分析，还要结合我们的经验。同时，还要考虑一些产品的非业务场景。比如，兼容老系统的业务系统架构，与外部系统对接的产品架构，等等。

5. 功能模块

在设计产品架构的时候，我们已经分析出了我们的产品需要哪些系统。现在我们需要对这些系统进行细化，设计出构成这些系统的功能。

一个系统可能是由多个功能构成的，所以我们也要整理出功能的层级和交互关系。功能是对需求和业务理解并分析的最小维度。如果说产品架构是产品的骨骼，功能就是填充在骨骼中间的血肉，并构成一个系统。

6. 演进蓝图

演进蓝图通俗点说，就是迭代计划。迭代计划是以功能为维度来设计的。

B 端产品的迭代规划设计，是以实现业务闭环为目标，即先建立核心可用业务，再逐步扩展到整个业务流程，直至完成业务闭环。

基于业务闭环的迭代规划，强调由核心业务向整个业务拓展，业务的方向和规划一定是明确和可靠的。设计好功能的迭代计划后，需要根据技术的可行性调研，然后与研发人员合力，明确演进蓝图的时间表。

在设计迭代计划时，我们还需要根据业务背景和团队背景，预留出一定的时间作为异常情况的缓冲区间。

在设计演进蓝图时，我们还可以根据产品开发的标志性事件或者业务小闭环节点，来设计出相应的里程碑计划。

7. 成本预估

成本预估就是评估在整个产品开发过程中，我们需要投入哪些资源，换算成成本是多少。

成本估算的评估要和演进蓝图结合，划分到完成预期功能需要投入多少资源。资源投入除了整体性评估之外，也需要细化到具体的开发人员组成、服务采购等具体的研发投入。

二、细节解决方案

细节方案多用于 B 端业务型产品开发。在我们进行产品研发的过程中，往往还需要更为细致的解决方案，来指导我们技术人员的开发。

细节方案，也可以看作是 PRD 等研发文档的 Plus 版本。在整体解决方案的基础上，需要增加业务建模、数据建模、功能设计、技术方案、产品原型设计、产品文档，将整个解决方案细化到产品细节层面的设计（图 4-10）。

技术方案下文单独分析。

1. 业务建模

业务建模主要梳理详细的业务流程。包含各子业务的流程，各系统的业务流程，各功能的运行流程，还要使用例图分析出角色和系统的关系。

完成业务建模后，我们对整个业务的脉络就非常清晰了。之后，依据业务的建模，我们才能完成功能逻辑的设计。业务建模是产品经理对业务梳理和分析的最终成果。

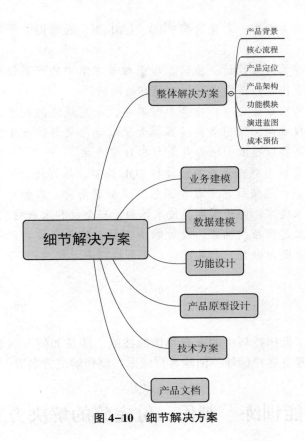

图 4-10　细节解决方案

2. 数据建模

数据建模主要是分析系统中的角色和各个实例，在产品的系统是由哪些数据字段构成？实例间存在怎样的关系？再将实例和关系抽象成数据模型——数据模型会关系到数据库表的设计，影响到功能设计和技术方案，所以我们要尽早设计数据模型。在设计数据模型时，我们要保证模型的全面性和扩展性。而分析数据模型时，最典型的就是使用 ER 图来进行分析。

3. 功能设计

在整体方案时，我们已经分析出了产品包含哪些功能。现在，我们要具体设计每个功能。设计功能时，要明确功能要展示哪些数据，功能有哪些操作，功能的操作流程是怎么样的。设计好功能后，要将功能整理成功能清单。同时，我们还需要考虑一些不直观的设计。比如，字典设计、数据权限设计、账号系统等。在设计功能时，产品经理很多功能采用一些通用的范式，比如权限设计、报表设计、首页、导航等。

4. 产品原型设计

产品原型则是依据功能清单，根据产品平台的设计和交互规范，将功能清单转化为线框图。产品原型也要包含产品的交互设计。

在设计产品原型时，我们要准备好相关的说明文档。同时我们一定要明确，对于 B 端产品 UI 和交互的设计，要配合业务和功能的设计。

5. 产品文档

产品文档指我们在设计详细解决方案时，也需要提供产品设计的一些必要文档。最好将这些文档整合到解决方案中，常见的有 PRD、UML 图、流程图、交互文档等。

三、技术方案

技术方案一般由技术人员设计。他们会根据细节方案中的产品设计，设计出可行的技术方案。但是，难免会出现产品需求和技术冲突的时候。

此时产品经理作为决策者之一，也会参与其中，决定最终的技术方案设计。产品经理也需要在产品需求和技术间，做出各种抉择。为了设计出更好的技术方案，产品经理应该懂一些技术。特别是某些以技术为核心竞争力的 B 端产品。

对于 B 端产品，应该会数据库表的设计和 SQL 语言，最好还会一门语言。我认为，一个优秀的 B 端产品经理，应该是对于软件工程有深刻理解的。在设计技术解决方案时，产品经理关注点在于技术成本、实现周期、技术风险、安全性和未来的扩展性。

解决方案，本身就是产品的抽象。设计解决方案，就是在设计产品本身，也是需求分析、业务调研、业务诊断与分析、产品设计、产品规划的过程。

任务总结

本项目主要讲解了营销技巧中的客户拜访的技能，涉及如何开展客户拜访工作、制定客户拜访的计划书、建立客户信任、消除客户顾虑、制作解决方案等。

技能训练 制作一份完整的解决方案

任务书

一、项目名称

××中心方案设计

二、项目背景分析

项目所在区域是我国投资最活跃的光电子信息产业基地。

各类高科技中小型企业在开发区已得到长足的发展，企业主要性质为：软件开发、电子、分销、国内大型相关企业驻汉机构等。其职工基本人数 50~100 人，需求的办公面积 500~2 000 元/平方米为主，也有少数需求 50 000 左右。他们完成资本原始积累后需要一个更好的发展空间。他们的办公建筑，希望以办公研发为主，间或有培训功能，有集中统一、服务良好的物业管理，能减少企业的社会负担。

同时，办公建筑要求气派、大方，能提升企业形象，便于识别。企业能有独立的出入口，便于管理和塑造企业形象。而目前开发区存在的企业孵化器、标准厂房、商业写字楼由于种种原因已不能适应他们的需求。企业孵化器主要针对创业型小型公司。标准厂房价格 1 700~1 800 元/月，其层高柱网专为轻型工业设计，不能满足研发使用要求，其外观也不符合办公建筑性格。商业写字楼价格 3 500~4 000 元/月，超出他们的承受能力。

三、项目用地概括

本项目东邻关山二路（宽 60 米），西侧为煤气厂，基地面积约 60 722 平方米（含代

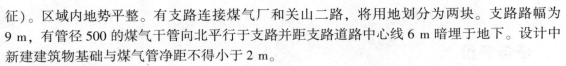

征）。区域内地势平整。有支路连接煤气厂和关山二路，将用地划分为两块。支路路幅为9 m，有管径500的煤气干管向北平行于支路并距支路道路中心线6 m暗埋于地下。设计中新建建筑物基础与煤气管净距不得小于2 m。

四、设计要求

1. 办公单元每层建筑面积控制在2 000平方米左右，可考虑分为2×1 000平方米或4×500平方米，最小划分单元500平方米，可灵活组合。

2. 该项目性质为出售型办公用房，考虑到经济效应对项目的要求，应充分利用关山二路的优势，适当加大沿关山二路办公单元的建筑面积。在综合考虑企业中心南区建筑布局的情况下，园区轴线适度向西平移，减少西区办公单元建筑面积，力求合理。

3. 园区实行封闭式管理，提供进出两个出入口单向进出的管理模式。设计详细的步行系统，园区内人车适当分流。停车位达到40万~50/万平方米（建筑面积），在设置集中停车位的同时考虑每栋建筑配备10个左右的停车位。

4. 提出安防系统模式建议。充分重视园区环境设计，营造环境优美的高科技工业园区。

5. 本区域内控制性详细规划规定建筑主导色为浅灰色系。区域内主要为高科技企业，建筑风格应简洁明快，外观应体现出高档写字建筑的档次。

6. 原会所位置考虑安排一个办公单元，建筑面积5 000~6 000平方米。会所结合地块东南角办公单元设置。会所要考虑对外服务，领导入口与一般人流入口分开考虑。企业中心会所的主要功能是为中小型科技产业公司、低层高密度的小型办公楼及研发楼群提供服务。考虑安排适当规模的、完善的服务配套设施。

7. 办公单元不考虑使用中央空调。结合建筑外观综合考虑空调分体机室外机悬挂的遮挡方案，冷凝水的集中收集方案。

8. 为园区内企业的正常运行，设计详细的公建配套，提出配电房、水泵房等的具体定位及规模大小。

9. 可考虑采用比较成熟的新材料、新技术、新工艺，提出经济合理的结构形式。

10. 提出高尔夫练习场的具体定位及规模大小，考虑扇形及长方形两种形式，应有详细的尺寸数据。

11. 设计要求考虑一次性整体开发。

12. 符合消防、人防等规范要求，各项设计指标必须符合国家强制性规范要求。

五、综合设计要求

在建筑创作中一定要重视"自然"因素，突出品牌形象、科技特色。国际企业中心还应提升周边的环境质量。该设计方案应该是一个开放的、透明的、极力追求对话的新时代建筑。为了节约能源，要充分体现因地就势：结合园林花木环境；自然通风；自然采光。通过紧密的理性思维来获得具有综合适宜的真实的建筑，它不仅应具有其自身的价值，而且应具有立足于开发区、作用于开发区的价值。

六、设计控制指标

七、提供的技术资料

八、设计内容

九、设计成果

十、方案设计完成时间，等等

根据以上任务书要求，完成解决方案的制作。要求按照解决方案的组成，完成报告制作（Word），并输出汇报（PPT）。

任务评价

解决方案评分表

任务名称	解决方案				
序号	知识考核点	组长评价（40%）	教师评价（60%）	单项分值	实际得分
1	解决方案的组成是否完整			20	
2	解决方案报告，每个部分步骤是否完整			40	
3	解决方案汇报，整体表达连贯，思路清晰			40	
解决方案训练总得分					
说明：单项分值指对于该项分值的总分，对于每一项组长评价满分等于单项分值×40%，教师评价满分等于单项分值的60%，单项实际得分=组长评价分值+教师评价得分。组长评价指学生所在组组长对该学生的表现进行评分。教师评价是指任课教师对该学生的表现进行评分					

项目小结

本项目主要介绍了如何开展客户拜访、如何呈现解决方案。包括开展客户拜访准备工作、制订客户拜访计划书、建立客户信任、消除客户信任、解决方案的制定及呈现。

思考与练习

一、选择题

1. 以下哪些是销售人员每次拜访客户的目的？（　　　）

A. 建设客情　　　　B. 市场维护　　　　C. 信息收集　　　　D. 指导客户

2. 销售准备工作应该包括哪些？（　　　）

A. 掌握资源　　　　　　　　　　B. 有明确的销售目标和计划

C. 掌握专业推销技巧　　　　　　D. 整理好个人形象

E. 带全必备的销售工具

3. 在比较客户价格时，销售人员要了解哪些方面的情况？（　　　）

A. 不同客户销售价格比较　　　　B. 同一客户不同时期价格比较

C. 进货价与零售价格比较　　　　D. 竞品价格

4. 以下哪个不是建立客户信任？（　　　）

A. 尊重顾客的时间：守时或另约时间　　B. 不要打破砂锅问到底

C. 需要事事较真，以突出专业性　　D. 与准客户周围的人保持良好关系

5. 解决方案的产生过程，大致可分为：a，确定问题对象和影响范围；b，分析问题；c，提出解决问题的办法和建议；d，成本规划和可行性分析；e，执行；f，后期跟进和交互修正；g，总结。下面顺序正确的是（　　　）。

A. a–d–b–c–e–f–g　　　　　　　B. a–b–c–d–e–f–g

C. b–a–c–d–e–f–g　　　　　　　D. b–c–d–a–e–f–g

6. 以下哪些是提交产品方案的好处？（　　）

A. 提供系统、专业的呈现，促使客户接受

B. 表现主动、积极的姿态，加深客户印象

C. 增加可见度，提高销售效率

D. 写远比说思路开阔，从而发现更多商机

二、简答题

1. 客户拜访有哪些准备工作？

2. 如何建立客户信任？

3. 如何消除客户顾虑？

4. 什么是解决方案？

5. 什么是产品方案呈现的利益？

模块五

ICT营销板上钉钉——签约谈判

　　商务谈判中的各项谈判工作固然重要，但是，即使谈成了业务，如果不签订合同，双方的权利义务关系不固定下来，以后执行就可能成为问题。所以说，合同的签订不可忽视，而且合同的签订也是商务谈判取得成果的标志。谈判双方经过你来我往多个回合的讨价还价、较量与让步，就商务交往中的各项重要内容完全达成一致以后，为了明确彼此之间的权利和义务，同时也为了以后的履行提供一个标准，取得法律的确认和保护，一般都要签订商务合同。因此，签约工作做得好坏关系到整个商务谈判是否取得了成功，它是全部谈判过程的重要组成部分，是谈判活动的最终落脚点，签约意味着全部谈判工作的结束。

知识目标

- 了解商务沟通的概念
- 掌握商务沟通的方式
- 掌握商务沟通的要点
- 了解商务沟通的准备工作
- 掌握商务谈判的概念
- 掌握商务谈判要点

技能目标

- 具有使用不同沟通方式的能力
- 具有商务沟通前准备的能力
- 具有灵活沟通的能力
- 具有制定商务谈判方案的能力
- 具有灵活进行商务谈判的能力

项目一

如何搞定商务沟通

🎯【项目导读】

财务部陈经理结算了一下上个月部门的招待费，发现有 1 000 多元没有用完。按照惯例他会用这笔钱请手下员工吃一顿，于是他走到休息室叫员工小马，通知其他人晚上吃饭。快到休息室时，陈经理听到休息室里有人在交谈，他从门缝看过去，原来是小马和销售部员工小李两个人在里面。"呃，"小李对小马说，"你们部陈经理对你们很关心嘛，我看见他经常用招待费请你们吃饭。""得了吧，"小马不屑地说，"他就这么点本事来笼络人心，遇到我们真正需要他关心、帮助的事情，他没一件办成的。你拿上次公司办培训班的事来说吧，谁都知道如果能上这个培训班，工作能力会得到很大提高，升职的机会也会大大增加。我们部门几个人都很想去，但是陈经理却一点都没有察觉到，也没有积极为我们争取，结果让别的部门抢了先。我真的怀疑他有没有真的关心我们。"从这个案例中我们可以看出这是很明显的上级和下级沟通出现了问题。那么应该如何解决呢？

🎯【任务引入】

商务沟通和一般的业务类的沟通有很多不一样。商务沟通一般是正式场合上的一种非正式的谈话，这时候我们需要有礼貌，因为没有礼貌，会给和你谈话的人一个很差的印象。要知道谦虚和谦让，如果你的企业和单位在这次洽谈中有很大的优势，在各方面都占据很主动的局面，但是在沟通的技巧上我们尽量要保持谦虚，保持情绪的克制。如果我们和对方是第一次进行某一类的商务沟通，在这样的初期阶段，我们要根据掌握对方的信息，进行研究，进行商务沟通的几个工作人员应该多探讨，尽量争取主动的位置。商务沟通的工作人员要学会基本的语言技巧，大家在进行商务沟通的期间，要尽量说一些使对方感兴趣的话题，同时我们自己不要多嘴，应该学会多聆听、多赞美和认同，这样才可以了解对方的意图。商务沟通的时候，作为商务工作人员，一定要抓住双方合作的契合点，找到一起的经营话题，说出彼此合作的很多共同点，也要强调双方一起合作更容易取得双赢的效果。商务沟通不是简单的一种聊家常和谈业务，而是一个项目的实施，所以作为项目负责的工作人员，我们在方案审核阶段必须要学会换位思考，这样才可以占据和对方商务沟通时候的有利位置。

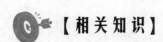

【相关知识】

商务沟通概述

沟通是指为了设定的目的，人们借助于共同的符号系统（包括语言和非语言符号），获得、传递和交流信息、思想和情感的个人和社会互动行为。商务，也称商事，即商业上的事务，是指以提供商品、劳务、资金或技术等为内容的营利性经济活动，也就是我们俗话说的"做生意"。

商务沟通是关于商业事务上的沟通，是指两个或两个以上的从事商务活动的组织或个人，为了满足自身经济利益的需要而进行的沟通。

商务沟通有四个方面的内涵：

①商务沟通行为有明确的目的。这是商务沟通最重要的前提。

②商务沟通有语言商务沟通和非语言商务沟通。

③商务沟通的内容是知识（事实）、思想和情感信息。

④商务沟通的对象包括自我沟通和人际沟通。

微课：商务
沟通概述

任务一　了解商务沟通的方式

商务沟通有很多种方式，主要包括面对面沟通、音视频沟通、网络沟通等，下面对这几种沟通方式进行介绍。

1. 面对面沟通

面对面沟通是指任何有计划的和受控制的、在两个人或更多人之间进行的、参与者中至少有一人是有目的的，并且在进行过程中互有听和说的谈话。

面对面沟通的特点主要包括以下 5 个方面：

①目的性。目的性指的是参与面对面沟通的一方或多方有明确的目的。比如通过这次沟通了解对方的真正需求是什么。

②计划性。计划性简单来说就是你要明确在什么时候（When），什么地点（Where），跟谁谈（Who），谈什么（What），如何谈（How），简称 4W，1H。

③控制性。在面对面沟通中，至少要有一方处于控制地位，或者共同控制。

④双向性。面对面沟通是双向的沟通，而不是单向传递信息或接收信息。在沟通的过程中，存在信息的反馈。

⑤及时性。双方在面对面沟通时能够即时对沟通的信息作出反应，不存在信息传递的延时。

2. 音视频沟通

音视频沟通最开始只有电话，随着网络的发展，音视频沟通可使用的工具越来越多。音视频沟通主要有以下 5 个特点：

①实时性。音视频沟通可以使沟通双方即时交谈，瞬间取得联系，单从速度而言，没

有其他沟通方式可比拟。

②简便性。音视频沟通的操作非常简便，一般无须培训即可进行沟通。

③双向性。音视频沟通可以立即接收对方的反馈，且双方可自由沟通。

④经济性。音视频沟通可以减少交通的成本，提高沟通效率。

⑤普遍性。电话、手机等通信工具已经普及，人们可以随时随地与需要对话的人进行沟通。电话沟通是音视频沟通中最为常见的一种方式，你会正确地打电话吗？图 5-1 所示是打电话的流程。

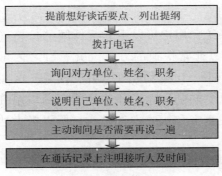

提前想好谈话要点、列出提纲

拨打电话

询问对方单位、姓名、职务

说明自己单位、姓名、职务

主动询问是否需要再说一遍

在通话记录上注明接听人及时间

图 5-1　打电话的流程

电话沟通有哪些注意事项呢？

①打电话前的准备。比如，如果早上和老公吵架了，一上班又和同事发生了不愉快的事，最好不要急着打电话。

再比如，有没有调整好你的呼吸、有没有喝口水润润嗓子、有没有把想说的话记在便签上。

②打电话时间。大部分的经商老板是不会很早就上班的。一般上午在十点以后、下午两点到三点比较好。通过几次电话后有了规律再做针对性的调整。

③称呼。在商务方面，我们首先表示的是对对方的尊重，而不是让对方尊重自己。介绍自己时，可以说我是小王或自己的全名；对客户最好称呼×总或×老板比较稳妥。

④挂电话前的礼貌。要结束电话交谈时，一般应当由打电话的一方提出，然后彼此客气地道别，应有明确的结束语，说一声"谢谢""再见"，再轻轻挂上电话，不可只管自己讲完就挂断电话。

【案例 5-1】

接下来我们来看一个电话销售的沟通案例。以下是客户跟客户经理的对话：

"我听说您能提供万能牌的套装工具，这种产品怎么样？"

"噢，是这样的，我们这种套装工具有 14 支扳钳，价格是 220 元。"

"我明白了，不过这种工具我不想要，谢谢。"

从这个案例，我们可以看出，客户经理的沟通效果很不理想，如果你是客户经理，你会怎么做呢？

3. 网络沟通

互联网作为开放的网络平台，人人都可以依托互联网开展网络上沟通与交流。而随着互联网+技术以及移动互联网技术的发展，互联网、移动网都是不可缺少的沟通工具之一，在网络上的沟通和交流逐渐发展成为主要的方式。网络沟通主要有以下几种主要形式：

（1）电子邮件电子邮件

电子邮件（electronic mail，简称 E-mail，标志为@，也被大家昵称为"伊妹儿"）又称电子信箱，它是一种用电子手段提供信息交换的通信方式，是 Internet 应用最广的服务。通过网络的电子邮件系统，用户可以用非常低廉的价格（不管发送到哪里，都只需负担电话费和网费即可），以非常快速的方式（几秒钟之内可以发送到世界上任何你指定的目的地），与世界上任何一个角落的网络用户联系，这些电子邮件可以是文字、图像、声音等各种方式。最重要的是，电子邮件是所有网络系统中直接面向人与人之间信息交流的系统，它的数据发送方和接收方都是人，所以极大地满足了大量存在的人与人通信的需求。

（2）网络电话

网络电话（Internet Phone，IP）按照信息产业部新的《电信业务分类目录》，实现 PC-TOPHONE，具有真正意义的 IP 电话。使用网络电话，实现电脑—电脑的自如交流，无论身处何地，双方通话时完全免费；也可通过电脑拨打全国的固定电话、小灵通和手机，和平时打电话完全一样，输入对方区号和电话号码即可，享受 IP 电话的最低资费标准。其语音清晰、流畅程度完全超越现有 IP 电话。

（3）网络传真

网络传真（Internet Facsimile）是基于 PSTN（电话交换网）和互联网络的传真存储转发，也称电子传真。它整合了电话网、智能网和互联网技术。原理是通过互联网将文件传送到传真服务器上，由服务器转换成传真机接收的通用图形格式后，再通过 PSTN 发送到全球各地的普通传真机或任何的电子传真号码上。

（4）网络新闻

网络新闻发布突破传统的新闻传播概念，在视、听、感方面给受众全新的体验。它将无序化的新闻进行有序的整合，并且大大压缩了信息的厚度，让人们在最短的时间内获得最有效的新闻信息。网络新闻的发布可省去平面媒体的印刷、出版，电子媒体的信号传输、采集声音图像等。

（5）即时通信

即时通信（IM）是指能够即时发送和接收互联网消息等的业务。自 1998 年面世以来，特别是近几年的迅速发展，即时通信的功能日益丰富，逐渐集成了电子邮件、博客、音乐、电视、游戏和搜索等多种功能。即时通信不再是一个单纯的聊天工具，它已经发展成集交流、资讯、娱乐、搜索、电子商务、办公协作和企业客户服务等为一体的综合化信息平台。

网络沟通给人们带来很大的方便，主要有以下方面的好处：

①效率高，通过邮件、手机等聊天工具几分钟就搞定目的；

②考虑问题全面，有足够时间来运用语言和分析语言之含义；

③网络沟通新潮，为了证明自己是新潮中的人物，会自信增倍；

④能与多方同时进行沟通；

⑤能够满足一些人的虚荣心，畅所欲言，夸大其谈，不用担心"脸红脖子粗"。

同时网络沟通也存在一些弊端：

①容易推卸责任，事后不认可所言；

②建立信任较难，除非特别熟知的人，否则都存有疑心、猜测；

③相互了解较困难，往往语言表达和文字表达都不会一致，文字表达起来可能更有策略性，容易掺杂伪装的一面；

④建立信任关系的时间比较长，通过很多次反复的合作可能会慢慢达到信任；

⑤诚实程度不好掌握，顾忌的事情会多。

 【思政链接5-1】

作为一线销售人员在沟通的过程中，需要具备什么样的品质？

【想一想】当我们的客户对销售人员态度不好，甚至持鄙视态度时，我们应该怎么办？

任务二　做好商务沟通准备工作

商务沟通前的准备工作是至关重要的，直接决定着沟通能否成功。准备工作主要包括熟悉商务沟通环境、了解商务沟通对象和分析商务沟通障碍。

1. 熟悉商务沟通环境

（1）分析外部沟通环境的意义

在全球化、现代化、信息化的时代，商务沟通越来越频繁，也更加复杂，跨区域沟通更加常见，相应地，企业组织更加重视外部环境的分析，从而制定相应的沟通策略。那么，分析外部沟通环境的意义何在？

①助于企业融入全球化商务活动；

②有助于企业制定商务沟通战略；

③有助于企业确立信息传递对象；

④有助于企业找到有效的沟通渠道。

（2）外部沟通环境因素分析与沟通策略

企业生存在与客户、供应商、经销商政府、竞争对手、金融机构、社会公众团体共同组成的社会大环境中。这些外部因素是企业的利益共同体或相关者。因此，企业必须与组织外部进行良好有效的沟通。对组织外部环境的分析就是为了通过剖析外界相关者的特点而采取相应的沟通策略。

①政府因素分析与沟通策略。政府在外部沟通环境中占有不可或缺的地位，一方面，

政府是企业赖以生存的重要条件，另一方面，企业是维护企业品牌的重要参与者。只有正确认识了政府的地位和功能，企业在与政府进行沟通时，才能采取适当的沟通策略，通常，企业在与政府的沟通中的态度都较为谨慎和实事求是。

②商业群体因素分析与沟通策略。充分认识客户的价值：认识客户的价值能够帮助企业制定有效的传播策略。通过分析客户的长期潜在价值，可以确定传播的优先顺序。

掌握客户的需求特点和心理特点：掌握客户的需求特点和心理特点是沟通的关键，沟通过程中需要与客户多接触，仔细聆听客户的意见和想法，了解客户的需求，通过合适的渠道向客户传递和交流信息。

建立信息反馈机制：信息反馈机制是企业的必备条件和要求，便于企业与客户更好地实现沟通和持续沟通。

2. 了解商务沟通对象

（1）沟通主体的自我认知与定位

在自我认知与定位的过程中，主要是分析沟通者的可信度。所谓可信度，就是让大家感受到自己是值得信任的。可信度包含了初始可信度和后天可信度两层含义，而沟通者的可信度受到身份地位（rank）、良好意愿（good will）、专业知识（expertise）、外表形象（image）、共同价值观（shared values）的影响。

（2）主体的沟通策略

①告知策略。向对方叙述或解释信息或要求，要求对方接收信息。

②说服策略。向对方建议做或不做的利弊，以供对方决策时参考。

③征询策略。通过商议来共同达到沟通的目的，使执行方案受到公众认同。

④参与策略。沟通者最初没有形成有效建议，需要共同讨论发现解决问题的方法，如集体讨论。

3. 客体特点分析

（1）明确受众

如图 5-2 所示是沟通的六类受众。

沟通的六类受众	接收和处理信息的特点
初始受众	有时要求你提供文件的就是初始受众，他们最先获得信息
守门人	他们是初始受众和最终受众信息传递的"桥梁"，他们有权阻止信息传递给其他对象，有权决定信息是否能够传递给主要对象，判断守门人在于是否必须通过他们传递信息
主要受众（直接受众）	指直接获得你的信息的人或团体，当信息传递到主要受众才能达到预期效果，主要受众有权决定是否接收你的信息，是否按照你的建议执行
次要受众（间接受众）	可能会对你的提议发表意见或者负责具体的实施
意见领袖	所谓意见领袖，即受众中有强大影响力的、非正式的人或团体。他们可能没有绝对的权力阻止传递信息，但他们的政治、社会地位和经济实力，可能对信息的实施产生巨大的影响
关键决策者	即最后且可能最重要的可以影响整个沟通结果的人或团体，如存在，则要依据他们的判断标准调整信息内容

图 5-2　沟通的六类受众

（2）分析受众

受众的特点如图5-3所示。

受众对背景资料的了解

重点是分析有多少背景资料是受众需要了解的，以及他们已经了解多少沟通的主题，能够理解多少相关专业术语。

受众对新信息的需求

即分析受众对于沟通的主题，需要了解什么新信息，以及他们还需要多少细节及例证。

受众的期望和偏好

受众的期望和偏好主要在于分析在沟通风格和渠道上，受众更偏向于哪一种。

图5-3　受众的特点

4. 分析商务沟通的障碍

沟通过程是一个互动过程，所谓互动就是有来有往，当一方发送信息时另外一方会接收信息，对方接收信息后也会发送信息进行反馈，主客不断变换形成沟通的环形结构。但是这个过程会有各种障碍，主要包括：主体障碍，也叫发送者障碍；客体障碍，即接收者障碍；信息传播渠道障碍，环境中的障碍，以及沟通反馈中遇到的障碍。

（1）主体障碍

主体障碍，主要是由于目的不明、表达模糊、选择失误、言行不当以及知识经验水平的差距导致信息传递错误，或者被误解，由此产生的障碍。

（2）客体障碍

沟通过程中存在客体障碍。信息接收者和发送者在知识水平等方面存在差异，导致接收者障碍。这个案例也给我们一个启示，在跟别人进行沟通的时候，要试着站在对方的角度，从对方的立场出发，采取合适的沟通方式，这样才能有效地进行沟通。

（3）环境障碍

环境障碍主要是由于外部干扰的沟通环境以及杂乱、不整洁的沟通环境导致的沟通障碍

（4）反馈障碍

反馈障碍一方面是由于不良的沟通习惯导致的，比如在跟对方沟通时，不注意个人的行为举止，如抖腿、转笔等，有可能会使对方厌恶或误解，甚至停止沟通。另一方面是由于恶意阻碍导致的，比如出于某种目的、歪曲信息等，使得信息在反馈过程中失真，让最终的信息接收者未能得到真实的信息，从而不能做出正确的反馈，没有采取正确的行动。

【思政链接5-2】

商务沟通准备工作需要充分了解对方的相关信息，有充足的准备，同时也会遇到各种沟通障碍。

【想一想】当你在准备工作中遇到困难时，你会怎么做？是克服困难继续了解对方的信息，还是灰心丧气？

任务三　认识商务沟通的要点

在进行商务沟通时，要掌握以下一些要点，才能取得更好的沟通效果。

（1）身体的自由度

身体是有表情的，一个人除了用衣着服饰来显示身份、地位和个人品位之外，还可以依靠言词和肢体动作来树立自己的形象。

在公开场合，我们发现：一个人受欢迎的程度和身体的自由度成正比。这里的"受欢迎"并不代表"受尊敬"，而是代表一般观众"接受"的程度。

一个说话时只有嘴部在动的人，给人的感觉是僵化而严肃的。如果能够加上一些喜怒哀乐的表情，那么，"人情味"就开始出来了；接下来，如果能再加点手势，或自然变化的肢体动作，那么，"身体的自由度"就很丰富了。

（2）举手投足都是学问

一般而言，一位有才华、"身体自由度"比较高的公众人物，在公共场合和媒体上是很容易吸引群众的，原因之一是他们在举手投足之间让人有"放松、自在"的感觉。

同样的道理，如果我们渴望和同事、客户有良好的人际沟通，那么不妨从舒放"身体的自由度"开始，让身体的表情不再拘泥于嘴部或脸部，而是更自然地伸展肢体空间。例如，对方说笑话时，不吝于给予关怀和畅笑；对方做对事情时，不吝于鼓掌祝贺；对方遇到挫折时，也不吝于给予温馨的握手或拥抱等。

（3）眼神居首位

在沟通管理学上，肢体语言占了55%的分量，而肢体语言中又以"眼神"居首位，其次才是微笑和点头。"看重"就是把对方看得很重要。尽管有人不说话，但他的眼神却往往"此时无声胜有声"。一个人欣不欣赏我们，接不接纳我们，看他的眼神即可一目了然。

在家里，孩子看着父母的眼神成长；在公司里，员工看着主管的眼神工作。关怀、激励和信任的眼神，往往使孩子和员工觉得自己很受重视。当你和你的新客户说话的时候，在肢体语言上，切忌斜视或由上向下看对方，最好尽快调整身体和脸部的角度，正面向着对方。

我曾到一家新银行询问某些事宜。柜台服务员一见我走近，立刻起身，眼睛平视着我，并礼貌地回答我提出的问题，当场让我有备受"看重"而舒服的感觉。

（4）随时带着欢喜的眼神

如果你用平视的眼神和对方沟通，却没有得到预期的良好响应，不妨先自己照镜子或请好友代为观察：你的眼神是否带有关怀的情感？如果答案是"NO"，那么请自我练习，每天至少五分钟，看着自己在镜中的眼睛，说："我喜欢我自己。"如果能做到完全的自我接纳，眼神就会灵活起来，并很自然地带着关怀的情感。

人和人之间的相处就是这样奇妙，当我们带着欢喜、欣赏的眼神来看对方，对方得到这份"映照"后，很自然地，也会减少抗拒而回报以良好的"看重"。

不论是初识还是旧识，你能不能在短时间内和对方很"谈得来"？有一个诀窍就是通过观察对方的"手势"，来调整和他言语沟通的切入点。

根据1981年诺贝尔医学生理学奖得主——美国神经生理学家罗杰·斯佩里的左右脑功

能分担说，我们知道人类的左脑是理性脑，右脑是感情脑。

（5）用"手势"找对沟通的切入点

一般而言，左脑发达的人擅长理解、评估、分析；右脑发达的人擅长想象、描述、创意。脑力研究专家赫尔曼曾经测验过七千多人，看他们喜欢用脑的哪一边，结果发现这和一个人的职业有很大关系。偏重左脑的人多数是律师、医师、税务专家等；而偏重右脑的人多数是诗人、音乐家、建筑师、舞蹈家等。

再进一步来探讨，我们发现，通常左脑发达的人少用手势来强调内容，而右脑发达的人则是肢体语言丰富，甚至在说某一件事时会手舞足蹈。

所以，当我们碰到对方在谈话中手势不停地起落挥动，这时若你感受到一见如故，不妨也有类似的肢体动作，同时以右脑人士喜欢的"感性言词"作为沟通的切入点，例如，我们可以说："对，我和你有一样的感觉，我觉得……"如果对方少用手势，而且讲话"斩钉截铁"，碰到这种做事讲求效率的人，那么，我们不妨以左脑人士喜欢的"肯定言词"作为沟通的切入点，例如，我们可以说："对，针对这件事，我有两点建议，一是……二是……"总之，当对方感觉到和我们"频率"相近时，很自然就会敞开心扉和我们相处了。

 **【能力拓展】**

商务沟通实战

实战案例：

孙颖颖在公司里做市场部经理，年底公司为了奖励市场部的员工，制订了一项海南旅游计划，名额限定为10人。可是部门里的13名员工都想去，孙颖颖就去向上级申请，想再要3个名额。

她跟老总说："朱总，我们部门13个人都想去海南，可只有10个名额，剩余的3个人会有意见，能不能再给3个名额？"

朱总说："筛选一下不就完了吗？公司能拿出10个名额就花费不少了，你们怎么不多为公司考虑？你们呀，就是得寸进尺，不让你们去旅游就好了，谁也没意见。我看这样吧，你们3个做部门经理的，姿态高一点，明年再去，这不就解决了吗？"

孙颖颖这次沟通失败了，可她还不知道自己错在哪里了。

情景模拟：如果你是孙颖颖你会怎么与朱总沟通？

1. 拓展训练目标与要求

（1）训练目标

通过商务沟通拓展训练，使学生一方面锻炼与人沟通的能力，另一方面培养交际能力和团队合作精神。

（2）实训要求

①认真实训，培养良好的工作习惯。

②听从指导教师的安排。

③团结协作，齐心协力搞好实训。

④能独立完成实训任务。

⑤遵守制度要求，按时完成实训作业和实训报告，上交指导教师。

⑥遵纪守法，敬业爱岗，具有良好的职业道德，严守保密制度。

⑦实事求是，工作认真，精研业务，尽职尽责，具有团队精神。

2. 实训考核及实训报告要求

分组完成上述情境的模拟演练。

考核要求见评分标准。指导教师根据学生在实训过程中的完成情况以及实训态度进行过程考核和形成性考核相结合评定成绩。

等级：

优：90 分以上。严格遵守纪律，认真实训，实训完成情况很好。

良：80~89 分。遵守纪律，态度端正，实训操作完成情况较好。

中：70~79 分。遵守纪律，态度端正，实训操作完成情况一般。

及格：60~69 分。实训较认真，基本完成实习操作。

不及格：60 分以下。不遵守纪律，未及时完成实训作业。

【思政链接 5-3】

如何通过实战，提高团队合作能力。

【议一议】 本次实战任务采用小组讨论、团队协作的方式进行，当小组内意见出现分歧时，你会如何处理？

项目二

如何开展签约谈判

【项目导读】

世界谈判大师赫伯·寇恩说："人生就是一大张谈判桌，不管喜不喜欢，你已经置身其中了。""就像在生活中一样，你在商务上或工作上不见得能得到你所要的，只能靠谈判得到你所要的。"那么如何开展签约谈判呢？

【任务引入】

签约谈判是 ICT 营销活动中不可或缺的重要组成部分之一，由于签约涉及的环节较多，因而谈判前的准备工作要十分充足，谈判过程中的技巧、礼仪的讲究要十分重视。所以需要在签约谈判前准备一份切实可行的 ICT 商务谈判方案，方案的制定可根据谈判的规模、重要程度的不同而定。

【相关知识】

1. 什么是商务谈判

按照《辞海》的解释：谈的本意为"彼此对话、讨论"；判的本意为"评断"。可见，"谈"意味着过程；"判"意味着结果。"商务"一词有狭义和广义之分。狭义的商务应理解为商业活动，即商品的买卖交易行为；广义的商务泛指各种交换活动，包括在市场主体之间发生的一切有形货物和无形劳务的交换活动，以及商务合作活动。

所谓商务谈判指当事人各方为了自身的经济利益，就交易活动的各种条件进行洽谈、磋商，以争取达成协议的行为过程。

2. 商务谈判的三要素

商务谈判三要素——主体、议题和环境。

（1）正常环境状态

①这是工作程序上的安排；

②按照正常程序，按部就班地进行；

③解决的是常规性问题；

④由事先安排好的科层制人员进行；

⑤按照常规思维工作。

（2）危机状态

①这是突发情况，常常不可预测；

②正常程序被打乱，无章可循；

③解决的是非正常性问题，即从未遇到、闻所未闻的；

④由高层直接管理；

⑤按照非常规思维工作。

3. 谈判存在的前提基础

"需要"是谈判存在的前提基础，谈判者与需要的关系模式有：

①谈判者顺从对方的需要；

②谈判者使对方服从其自身的需要；

③谈判者同时服从对方和自己的需要；

④谈判者违背自己的需要；

⑤谈判者损害对方的需要；

⑥谈判者同时损害对方和自己的需要。

4. 谈判赖以存在的要素

谈判赖以存在的要素包括以下几个方面：

（1）主观要素

①关系人——谈判的参加人，可以是个人，也可以是组织和国家；

②目的——双方或多方所希望达到的状态、期望值；

③协商方式——谈判各方都愿意通过交流、对话方式解决问题。

（2）客观要素

①信息——背景资料、情报，直接影响谈判者的决策；

②时间——谈判的时间限定性、确定性和每一方的"死线"；

③力——参加人员对洽谈局势的控制力、洽谈过程中拥有的竞争力和具体问题的决策力。

任务一　收集商务谈判信息

微课：商务谈判
信息准备

1. 资料搜集的方法和途径

（1）检索调研法

检索调研法是根据现有的资料和数据进行调查、分类、比较、研究的信息资料准备方法。检索调研法的资料搜集的途径很广，主要有以下方面。

①统计资料。主要包括我国、对方国家及国际组织的各类统计月刊或统计年鉴，以及各国有关地方政策的各类年鉴或月刊。

②报纸杂志，专业书籍。如我国的《国际商务研究》《国际经贸消息》《外贸调研》等杂志都刊登有与贸易活动有关的资料。

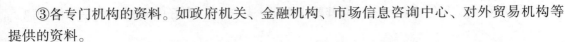

③各专门机构的资料。如政府机关、金融机构、市场信息咨询中心、对外贸易机构等提供的资料。

④谈判对方公司的资料。如经对方专人会计师签字的资产负债表、经营项目、报价单、公司预算财物计划、公司出版物和报告、新闻发布稿、商品目录与商品说明书、证券交易委员会或政府机关的报告书、官员的公开谈话与公开声明等。

（2）直接观察法

直接观察法是调查者在调查现场对被调查事物及被调查者的行为与特点进行观察测度的一种信息资料准备方法。直接观察法的形式主要有以下几种：

①参观对方生产的经营场地。如参观对方的公司、工厂等，以明了对方事情。

②安排非正式的初步洽谈。通过各种预备性的接触，创造机会，当面了解对方的态度，观察对方的意图。

③购买对方的产品进行研究。将对方的产品拆开后进行检验，分析其结构、工艺等以确定其生产成本。

④搜集对方关于设计、生产、计划、销售等资料。

（3）专题询问法

专题询问法是以一项命题向被调查者征询意见，以搜集资料的一种信息准备方法。专题询问法的方法运用灵活，其途径主要有以下几种：

①向对方企业内部知情人了解。如对方现在或过去的雇员、对方领导部门的工作人员、对方内部受排挤人员等。

②向对方有过贸易来往的人了解。如对方的客户、对方的供货商。

③向对方的有关人员了解。如在会议或社交场合通过与对方的重要助手或顾问的交往探取情报，通过银行账户了解对方的财政状况等。

2. 信息资料的加工整理

信息资料整理一般分为下面几个阶段：

①筛选阶段。检查资料的适用性，这是一个去粗取精的过程。

②审查阶段。识别资料的真实性、合理性，这是一个去伪存真的过程。

③分类阶段。按一定的标志对资料进行分门别类，使之条理化。

④评价阶段。对资料做比较、分析、判断，得出结论，提供谈判活动参考。

任务二　制作商务谈判方案

商务谈判方案是指企业最高决策层或上级领导就本次谈判的内容所拟定的 微课：商务谈判
谈判主体目标、准则、具体要求和规定。谈判方案的制定可根据谈判的规模、　方案准备
重要程度的不同而定。内容可多可少，可简可繁，可以是书面形式，也可以是口头形式。

1. 制订谈判计划的原则

由于商务谈判的规模、重要程度不同，商务谈判的内容会有所差别，内容的多少，要

视具体情况而定。尽管内容不同，但其要求都是一样的。一个好的谈判方案要求做到以下三点：

（1）简明扼要

所谓简明扼要就是要尽量使谈判人员容易记住其主要内容与基本原则，能根据方案的要求与对方周旋。

（2）明确、具体

谈判方案要求简明、扼要，也必须与谈判的具体内容相结合，以谈判具体内容为基础，否则，会使谈判方案显得空洞和含糊。

（3）富有弹性

谈判过程中各种情况都有可能发生变化，要使谈判人员在复杂多变的形势中取得比较理想的结果，就必须使谈判方案具有一定的弹性。谈判人员可在不违背根本原则的情况下，根据情况的变化，在权限允许的范围内灵活处理有关问题，取得较为有利的谈判结果。谈判方案的弹性表现在：有几个可供选择的谈判目标；指标有上下浮动的余地；还要把可能发生的情况考虑在计划中，如果情况变动较大，原计划不适合，可以实施第二套备选方案。

2. 制定谈判的基本策略

谈判的基本策略是指谈判者为了达到和实现自己的谈判目标，在对各种主客观情况充分估量的基础上，拟采取的基本途径和方法。

制定商务谈判的策略，就是要选择能够达到和实现己方谈判目标的基本途径和方法。谈判不是一场讨价还价的简单的过程，实际上是双方在实力、能力、技巧等方面的较量，因此，制定商务谈判策略前应考虑如下影响因素：对方的谈判实力和主谈人的性格特点；对方和己方的优势所在；交易本身的重要性；谈判时间的长短；是否有建立持久、友好关系的必要性。通过对谈判双方实力及其以上影响因素细致而认真的研究分析，谈判者可以确定双方的谈判地位，即处于优势、劣势或者均势，由此确定谈判的策略。如报价策略、还价策略、让步与迫使对方让步的策略、打破僵局的策略等。

3. 确定谈判地点和时间

谈判地点的选择不是一件随意的事情，恰当的地点往往有助于取得谈判的主动，要将谈判的策略与谈判的时间、地点安排结合起来，进行综合考虑。

根据地点的不同，谈判可分为三种形式，即主场谈判、客场谈判和主客场轮流谈判。一般来说，谈判地点要争取在己方，因为在主场举行谈判洽商活动成功的可能性更大。一些谈判学家所做的研究也证明了这一点。比如美国专家泰勒尔德实验证明：多数人在自己家的客厅与人谈话，比在别人的客厅里更能说服对方。这是因为人们在自己的所属领域里，能更好地释放能量与本领，所以，行为的成功概率更高。事实上，这种情况也适用于谈判。

4. 安排议程

议程包括通则议程和细则议程，通则议程由谈判双方共同使用，细则议程供己方使用。谈判议程主要包括以下三个方面：

（1）时间安排

时间安排即确定在什么时间举行谈判、谈判多长时间、各个阶段的时间如何分配、议

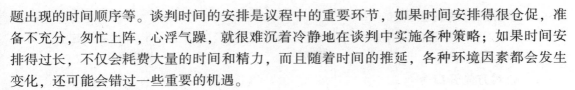

题出现的时间顺序等。谈判时间的安排是议程中的重要环节，如果时间安排得很仓促，准备不充分，匆忙上阵，心浮气躁，就很难沉着冷静地在谈判中实施各种策略；如果时间安排得过长，不仅会耗费大量的时间和精力，而且随着时间的推延，各种环境因素都会发生变化，还可能会错过一些重要的机遇。

（2）谈判议题

所谓谈判议题，就是谈判双方提出和讨论的各种问题。谈判议题首先须明确己方要提出哪些问题、讨论哪些问题。对所有问题进行全盘比较和分析：哪些问题是主要议题，要列入重点讨论范围；哪些问题是非重点问题；哪些问题可以忽略；各问题之间是什么关系，在逻辑上有什么联系；还要预测对方会提出什么问题，哪些问题是己方必须认真对待、全力以赴去解决的；哪些问题可以根据情况作出让步；哪些问题可以不予讨论。

（3）通则议程和细则议程

①通则议程。通则议程是双方共同遵守使用的日程安排，一般要经过双方协商同意后方能正式生效。在通则议程中，通常应确定以下内容：谈判总体时间及分段时间安排；双方谈判讨论的中心议题，问题讨论的顺序；谈判中人员的安排；谈判地点及招待事宜。

②细则议程。细则议程是己方参加谈判的策略的具体安排，只供己方人员使用，具有保密性。其内容一般包括：谈判中统一口径，如发言的观点、文件资料的说明等；对谈判过程中可能出现的各种情况的对策安排；己方发言的策略，何时提出问题、提什么问题、向何人提问、谁来提出问题、谁来补充、谁来回答对方问题、谁来反驳对方提问、什么情况下要求暂时停止谈判等；谈判人员更换的预先安排；己方谈判时间的策略安排、谈判时间期限。

任务三　掌握进行商务谈判的要点

要想取得商务谈判的成功，需要掌握以下要点：

1. 倾听

一个谈判高手通常会提出很多尖锐的问题，然后耐心地倾听对方的意见。商务专家说，如果我们学会如何倾听，很多冲突是很容易解决的。问题的关键是倾听已经成为被遗忘的艺术，很多人都忙于确定别人是否听见他们说的话，而不去倾听别人对他们说的话。

2. 充分的准备

要取得商业谈判的成功，必须在事前尽可能多地搜集相关信息。例如：你的客户需要什么？他们有什么选择？事先做好功课是必不可少的。

3. 高目标

有高目标的人做得更出色。期望的越多，得到越多。卖家的开价应该比他们期望得到的要高，买家则应该还一个比他们准备付的还要低的价格。

4. 耐心

管理专家认为，谁能灵活安排时间谁就有优势。如果谈判时对方赶时间，你的耐心会对他们造成巨大的影响。

5. 掌握对方的满意度

如果在谈判中你意识到对方感到很满意，那么你已经成功了一半，满意意味着对方的基本要求已经达到了。

6. 让对方先开口

找出对方渴望达到的目的，得到低价的最好方法就是劝诱他们先开口。他们希望的可能比你想给的要低，如果你先开口，有可能付出的比实际的要高。

7. 第一次出价

不要接受第一次出价。如果你接受了，对方会想他们其实能再压一下价，先还价再作决定。

8. 交易让步条件

在商务谈判中，不要单方面让步。如果你放弃了一些东西，必须相应地再从对方那里得到一些东西。如果你不这样做的话，对方会向你索要更多。

9. 避免与对方争论

不要去争论，特别是情绪上的波动，要注意抑制。除非是战术需要，你想要达到给对方施加压力的目的，否则没有必要与对方发生争执。

10. 以退为进

如果一个交易不是按照你计划的方向进行，你应该准备离开。永远不要在没有选择余地的情况下谈判，因为如果在这种情况下谈判，会让自己处在下风。

【能力拓展】

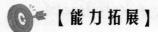

轻松搞定商务谈判实战

一、背景资料

A 方：

①品牌绿茶产自美丽而神秘的某省，它位于中国的西南部，海拔超过 2 200 米。在那里，优越的气候条件下生长出优质且纯正的绿茶，它的茶多酚含量超过 35%，高于其他（已被发现的）茶类产品。茶多酚具有降脂、降压、减少心脏病和癌症的发病概率。同时，它能提高人体免疫力，并对消化、防疫系统有益。

②已注册生产某一品牌绿茶，品牌和创意都十分不错，品牌效应在省内初步形成。

③已经拥有一套完备的策划、宣传战略。

④已经初步形成了一系列较为顺畅的销售渠道，在全省某一知名连锁药房及其他大型超市、茶叶连锁店都有设点，销售状况良好。

⑤品牌的知名度还不够，但相信此品牌在未来几年内将会有非常广阔的市场前景。

⑥缺乏足够的资金，需要吸引资金，用于扩大生产规模、扩大宣传力度。

⑦现有的品牌、生产资料、宣传策划、营销渠道等一系列有形资产和无形资产，估算价值 1 000 万元人民币。

B 方：

①经营建材生意多年，积累了一定的资金。

②准备用闲置资金进行投资，由于近几年来绿茶市场行情不错，故投资的初步意向为绿茶市场。

③投资预算在150万元人民币以内。

④希望在一年内能够见到回报，并且年收益率在20%以上。

⑤对绿茶市场的行情不甚了解，对绿茶的情况也知之甚少，但A方对其产品提供了相应资料。

⑥据调查得知A方的绿茶产品已经初步形成了一系列较为畅通的销售渠道，在全省某一知名连锁药房销售状况良好，但知名度还有待提高。

二、谈判目标

①解决双方合资（合作）前的疑难问题。

②达到合资（合作）目的。

三、谈判内容

A方：

①要求B方出资额度不低于50万元人民币。

②保证控股。

③对资产评估的1 000万元人民币进行合理的解释（包含品牌、现有的茶叶及制成品、生产资料、宣传策划、营销渠道等）。

④由A方负责进行生产、宣传以及销售。

⑤风险分担问题（提示：例如可以购买保险，保险费用可计入成本）。

⑥利润分配问题。

B方：

①得知A方要求出资额度不低于50万元人民币。

②要求由A方负责进行生产、宣传以及销售。

③要求A方对资产评估的1 000万元人民币进行合理的解释。

④如何保证资金的安全，对资金的投入是否会得到回报的保障措施要求进行相应的解释。

⑤B方要求年收益率达到20%以上，并且希望A方能够用具体情况保证其能够实现。

⑥B方要求A方对获得资金后的使用情况进行解释。

⑦风险分担问题（例如可以购买保险，保险费用可计入成本）。

⑧利润分配问题。

1. 训练目标与要求

（1）训练目标

通过商务谈判拓展训练，使学生一方面提高商务谈判的能力；另一方面培养交际能力和团队合作精神。

（2）实训要求

①认真实训，培养良好的工作习惯。

②听从指导教师的安排。

③团结协作，齐心协力搞好实训。

④能独立完成实训任务。

⑤遵守制度要求，按时完成商务谈判计划书，上交指导教师。

⑥遵纪守法，敬业爱岗，具有良好的职业道德，严守保密制度。

⑦实事求是，工作认真，精研业务，尽职尽责，具有团队精神。

附：商务谈判计划书模板

商务谈判计划书

一、谈判主题

二、谈判团队人员组成

三、谈判双方公司背景（对方：　　　　我方：　　　　）

（一）我方背景

（二）对方背景

四、双方利益及优劣势分析

我方核心利益：

1.

2.

3.

对方利益：

1.

2.

我方优势：

1.

2.

对方优势：

1.

2.

对方劣势：

1.

2.

五、谈判目标

1. 最优期望目标

2. 最低限度目标

3. 可接受目标

六、谈判议题确定

问题一：

问题二：

七、程序及具体谈判策略

八、应急方案

1. 商务谈判僵局

2.

九、参考文献及资料

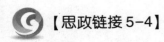

【思政链接 5-4】

【议一议】商务谈判计划书在撰写的过程中，有哪些注意事项？

项目小结

本项目主要讲解了商务沟通的概念、商务沟通的方式、商务沟通的技巧、商务谈判的原理以及商务谈判的策略及过程。

思考与练习

一、选择题

1. 根据以下哪一项指标可将沟通划分为销售沟通、采购沟通、投资沟通等？（　　　）

A. 沟通范围　　　　B. 沟通目的　　　　C. 沟通信息　　　　D. 沟通手段

2. 以下哪一项指的是人和人之间信息和感情相互传递的过程？（　　　）

A. 人际沟通　　　　B. 组织沟通　　　　C. 人际关系　　　　D. 社会关系

3. 按以下哪一项划分，可将组织沟通分为上行沟通、下行沟通、平行沟通等？（　　　）

A. 沟通的表现形式　　　　　　　　B. 沟通的方向

C. 沟通组织的结构特征　　　　　　D. 沟通对象

二、简答题

1. 商务沟通有哪些方式？

2. 商务沟通技能有哪些？

3. 商务谈判的过程是什么？